연암이
나를
구하러
왔다

연암이
나를
구하러
왔다

설흔 지음

창비

차
례

짧은 서문

연암의 느릿한 걸음

짧은 서문

1

'선생'을 처음 만난 건 열아홉이던 해의 5월 어느 날이다. 대략 구 년 전인 셈이다. '대략'이라는 무책임한 표현을 양해해 주시길. 꼼꼼하지 못한 성격 탓에 정확한 날짜까지 기억하지는 못한다.(혹시나 해서 엄마, 아버지, W, 심지어 선생 본인에게까지 물어보았지만 모두들 이맛살 찌푸리며 고민하는 척만 하다 이내 고개를 저었다. 주도면밀하지 못한 성격은 나만의 특성이 아니다.) 그 대신 선생의 첫인상만큼은 똑똑히 각인되었기에 지금도 내 머릿속 수장고에 원형 그대로 보존되어 있다. 무슨 말이냐면, 그날의 그 느낌 그대로 언제든 다시 꺼낼 수 있다는 뜻이다.

나는 선생의 존재를 문 두드리는 소리로 처음 접했다. 선생의 문 두드리는 소리는 짧고 우직한 '뚝'이었다. 문 두드리는 소리로 사람을 구분한다? 이에 대해선 약간 설명이 필요할 것 같다. 선생이 등장하기 전, 우리 집엔 두 종류의 문 두드리는 소리가 존재했다. 첫 번째는 가벼운 '똑똑'으로 시작하는 소리다. 그것으로 끝은 아니고 몇 초 지나지 않아 처음보다 2.33배 묵직한 '똑똑' 소리가 한 번 더 이어진다. 아버지다. 엄마는 좀 다르다. 엄마는 방문을 두드리지 않는다. 합창단 지휘자가 주저 없이 알토 파트에 배치했을 법한 낮은 목소리로 내 이름(그 시절엔 '미노'였다.)을 딱 한 번만 부른 뒤 오 초에서 칠 초 정도 기다렸다 문을 열었다.

엄마는 문을 두드린 게 아니니 당신 집에 문 두드리는 소리는 하나뿐이었던 것 아니냐고 '논리적'으로 물을 수도 있겠다. 나는, 이름을 부르고 기다리는 것도 두드림의 한 종류라고 '감성적'으로 대답하고 싶다. 인정할 수 없다고? 그건 감성이 아니라 억지라고? 논리적으로 물었으니 논리적으로 대답해 보라고? 계속 그런 식으로 나온다면, 좋다. 골치 아프게 따지고 드는 건 질색이니 한발 물러나면 그만이다. '선생이 등장하기 전, 우리 집엔 오직 한 종류의 문 두드리는 소리만이 존재했다.'(이제 만족하는가?)

다시 본론으로 돌아가겠다. 선생의 문 두드리는 소리는 짧고 우직한 '뚝'이었다. 창가에 서서 밖을 보던 나는 낯선 소리가 나는 문을 향해 본능적으로 고개를 돌렸다. 문은 고막을 찢을 듯한 요란한 삐거덕 소리(이 또한 처음 접하는 굉음이었다. 문이 낡긴 했어도 비명을 지를 정도는 아니었다.)와 함께 열렸고, 선생이 '방' 안으로 침입했다.

아, 다른 건 몰라도 '방'에 대해선 그냥 넘어갈 수 없다. 여러분이 궁금해하는 그 시절 선생의 모습에 대해 상세히 설명하기 전에 '방'—작은따옴표, 그리고 괄호를 빈번하게 동원하는 게 문장 작법상 별로 바람직하지 않다는 건 나도 잘 안다. 그러나 미리 고백하지만 나는 글쓰기 전문가가 아니다. 물론 다른 무언가의 전문가도 아니다. 비전문가가 흔히 그렇듯 머리로는 아는데 막상 실천하려 하면 지식은 사라지고 구름만 피어난다. 보르헤스라는 작가는 머릿속으로 아무리 끝내주는 구상을 해도 대부분 자기가 가진 쥐뿔 정도의 솜씨만큼만 발휘해 쓰기 마련이라고 했는데(실제 보르헤스의 문장은 훨씬 격조가 있다. 알아듣기 쉽게 윤색한 것이다.) 그건 바로 나 같은 사람을 두고 하는 말이다. 양해하는 김에 이 점도 양해해 주시길—부터 설명하고 넘어가는 게 좋겠다.

내 방은 원래부터 방은 아니었다. 주방 뒤쪽의 다용도실과 베란다 공간을 합쳐 만든 방이었다. 일반적인 방보다 좁고 길쭉하며(아니, 긴 직사각형에 작은 정사각형이 더해진 모양이며), 방 한구석엔(작은 정사각형 구역엔) 다용도실이라는 용도에 걸맞은 낡은 드럼 세탁기가 자리하고 있었다. 그러니 방에 들어온 선생이 "어, 세탁기가 있네."라는 말을 자기소개보다도 먼저 입 밖에 낸 까닭을 더 설명할 필요는 없을 것이다. 여기에서 비밀을 하나 더 밝히자면 사실 선생은 "어, 세탁기가 있네."라고 발음하지 않았다. '세'는 '세' 혹은 '쉐'에 더 가까웠다. 발음이 좀 샜다는 뜻이다. 그게 도대체 왜 비밀이냐고? 비밀이고말고. 괜히 발음이 샌 게 아니니까. 선생의 앞니 하나가 빠져서 그런 거니까.

선생은 앞니 하나가 없었다.(전문가들은 '상악 우측 측절치'라 부른다.) "어, 세탁기가 있네."라고 감탄한 뒤 희대의 농담을 구사했다고 믿는 신인 개그맨처럼 과장되게 입을 벌리고 웃었기 때문에 빈자리는 더욱 도드라져 보였다. 그리고 그 빈자리에서 시작해 선생의 몸 전체에서 거세게 뿜어져 나온 무시무시한 냄새!(이에 대해서는 차차 설명할 것이다.) 하지만 당장 내 눈길을 끈 건 선생의 거대한 몸집이었다. 후줄근한 셔츠 주머니에서 역시 후줄근한 손수건을 꺼내 얼굴을 닦으며 미세하게 떠는 선생의 손이나 검은색이라곤 하나 없이 완전히 백발인 머리카락도 인상적이기는 했지만, 무엇보다도 내 눈길을 사로잡은 건 과식한 스모 선수 같은 선생의 거대한 몸집이었다.(그래서 나도 모르게 선생을 몇 초간 빤히 쳐다볼 수밖에 없었다. 그 시절 내겐 무척 예외적인 경우였다.) '좁은 문'을 열고 안으로 쳐들어온 게 신기할 정도였다. 그리고 크로스백. 선생이 메고 온 A4 용지 크기의 빛바랜 갈색 크로스백은 정교하게 만든 인형 놀이용 소품처럼 보였다.

선생의 면모가 인상적이라는 이유로 무작정 감탄만 할 상황은 아니었다. 선생은 처음 보는 사람이었다. 자기소개나 예고도 없이 내 진영으로 쳐들어온 선생은 침입자였다. 가슴이 툭툭툭툭 툭툭 툭툭 마구 뛰었다. 주먹을 꼭 움켜쥐었다. 몸을 움츠리고 선생을 흘낏 본 뒤 열린 문을 보았다. 나가라는 뜻이었지만 언어를 최소한으로 사용하는 나 같은 인간의 소통 방식에 익숙하지 않을 선생이 내 메시지를 알아들을 리는 없었다. 속으로 하나, 둘, 셋을 셌다. 초읽기가 끝나기 직전, 그러니까 아홉까지 세고 열로 넘어가려던 그 급박한 순간에 문 앞에 또 다른 사람, 즉 아버지가 등장 시간을 잘못 맞춘 유령처럼 뻘쭘한 얼굴을 하고 나타났다. 잘못 건드리면 폭발할 것 같은 그 상황에서도 선생은 슬로 모션의 정석을 보여 주기라도 하듯 천천히 고개를 돌려 아버지를 보았다. 선생은 소리 없이 웃으며 고개를 끄덕였고 아버지는 미리 약속했던 신호를 인지한 공작원처럼 "그럼."이라는 짧은 말만 남기곤 정확한 타이밍에 재빨리 사라졌다. 두 사람의 연기는 그럭저럭 호흡이 잘 맞았다. 선생과 아버지 사이에 모종의 밀약이 존재한다는 뜻이었다. 제기랄. 또다시 때가 된 것이다.

그렇다면 내가 할 일은 하나뿐이었다. 그냥 기다리는 것. 나는 선생이 스스로 정체를 드러내길 기다렸다.(사실 '기다렸다'라는 표현은 적절하지 않다. 그러나 당시 내 상태에 어울리는 다른 표현을 찾기도 쉽지 않기에 '기다렸다'라는, 누구에게나 무난한 단어를 쓴다.) 아, 기다렸다고 해서 '무언가'를 기대했다는 의미는 결코 아님을 확실히 밝히고 싶다. 그 시절 나는 다른 이에게서 무언가를 기대하는 건강하고 긍정적인 인간은 결코 아니었으니까. 내 마음을 아는지 모르는지 선생은 허허 웃으며 '엉뚱한' 소리를 내 뱉었다.

경계할 거 없어. 난 이야기 선생이니깐.

2

이야기 선생? 이 책 『연암의 느릿한 걸음』을 집어 든 여러분도 '그게 뭐지?' 하고 고개를 살짝 갸웃했겠지만 나 또한 '이야기 선생'이라는 직업(이라 불러야 할진 모르겠으나 선생이 이야기의 '대가'를 받았던 것은 분명한 사실이다.)에 대해선 금시초문이었다. 비록 방 안에 틀어박혀 살긴 했어도 나 또한 피와 살과 기를 지닌 세속적 인간이기에 그 낯선 직업의 정체가 아주 조금 궁금하긴 했다. 그러나 겨자씨만큼이었다. 이야기 선생이 도대체 뭐냐고 대놓고 물어볼 만큼 궁금하지는 않았다는 의미다. 아니다. 다시 말하자. 사실 궁금증으로 입가의 핏줄이 모조리 터져 나갈 지경이어도 결코 질문 따위는 하지 않았을 것이다.

나는 선생이 하려는 '짓'을 알았다. 이야기 선생이건 뭐건 간에 그 시절 내 방에 침입한 어른들의 목적은 오직 하나뿐이었다. 나를 방에서 꺼내는 것, 그것이 그들이 도달하고자 하는 '고지'였다. 어른들의 직업은 다 달랐다. 교사도 있었고, 심리 상담사도 있었고, 사회 복지사도 있었고, 자원봉사자도 있었고, 심지어는 교회 여성 전도회 회장도 있었다.(회장님께서 어쩌다 내 방에 오게 되었는지는 모르겠다. 참고로 말하자면 부모와 나 모두 교회 근처에도 가본 일이 없다.)

그들은 말을 하기도 했고, 말을 하라고 하기도 했고, 그저 웃기만 하기도 했고, 손을 잡으려 하기도 했고, 기도를 하기도 했고, 감정이 북받치면 화를 내거나 울기도 했다. 그들의 노고를 폄하할 생각은 없다. 결과를 떠나 무엇보다도 그들은 열심이었다. 그리고 진심이었다. 열심과 진심이 세상을 바꿀 수 있다고 믿는 이들이었다. 다른 이들도 자기들처럼 생각한다고 굳게 믿었다. 그러나 그들은 기본 전제부터 잘못 잡았다. 나는 그들이 믿는 걸 믿지 않았다. 열심과 진심이 세상을 바꿀 수 있다고 믿었으면 애당초 방 안에 틀어박히지도 않았을 테니까. 기본 전제가 잘못되었기에 내 방에 들어온 어른들 중 누구도 고지에 도달하지 못했다.

그들이 슬퍼했느냐고? 좌절했느냐고? 겉으로는 울고 화내고 침울해하는 어른도 있기는 했다. 하지만 속으로는 슬퍼하지도, 좌절하지도 않았을 것이다. 이유는 간단하다. 고지의 장점은 하나가 아니라는 것이다. 그들이 보기에 세상은 선과 악이 다투는 전쟁터여서 시급히 정복해야 할 고지는 많고도 많다. 그렇기에 열심과 진심을 믿는 이들이 지치지도 않고 게릴라처럼 여기저기서 출몰하는 것이다.

진부하고 단편적인 내 생각을 알리려 선생의 책을 고른 건 아닐 테니 그들에 대한 쓸데없는 소리는 이쯤 해 두고 결론으로 넘어가겠다. 방 안에 틀어박힌 첫 삼 개월 동안 새로 개업한 마트처럼 북적거렸던 내 방은 파리 날리는 한산한 구멍가게를 거쳐 참선하기 좋은 고요한 절간으로 변해 갔다. 선생이 나타난 건 방바닥에 사리가 먼지처럼 굴러다니던 무렵의 어느 날이었다.

자신이 던진 강력한 직업 소개 멘트에도 불구하고 내가 아무 말도 하지 않으니 선생은 대박 날 가능성이 전무한 물건을 소개해야 하는 쇼호스트처럼 당황한 것 같았다. 아마도 이야기 선생이란 어쩌고저쩌고하는 식의 일장 연설을 준비했던 모양이다. 선생은 갈라진 손톱을 깨물며 주위를 두리번거렸다. 그러더니 맥락도 없이 또다시 입을 크게 벌리고는 아예 허허 소리를 내고 웃으며 말했다.

"허리가 아프군. 다리도 저리고. 보다시피 내 몸뚱이가 보통이 아니라서…… 괜찮으면 침대를 써도 될까?"

참고삼아 말하자면 선생은 바닥에 털썩 주저앉은 상태였고 나는 그때까지도 창문 앞에서 움직이지 않았다. 침대에 눈독을 들인 어른은 선생이 처음이었다. 나는 아무 말도 하지 않았고, 선생은 내 묵묵부답을 허락으로 받아들였다. 침대 위로—정확히 말하면 3단 매트리스 위로—올라간 선생은 쿠션에 등을 대고 발을 포갠 후 '휴'에 가까운 의성어로 자신의 만족도가 5점 만점에서 4.2점 이상임을 표현했다. 매트리스에게 물었다면 만족도는 1점 이하였을 것이다. 매트리스는 처참할 정도로 납작해졌다. 저러다 원형 복구 기능을 상실하고 아예 바닥에 붙어 버리는 건 아닌가 하는 의구심까지 들었지만 아무 말도 하지 않았다.

나는 앉은뱅이책상에서 의자를 꺼내 앉았다. 문과 침대 사이에 시선을 고정한 후 아주 잠깐, 필요한 경우에만 선생을 보았다. 참고로 이 구도는 선생이 더 이상 내 방을 방문하지 않게 됐을 때까지 거의 바뀌지 않았음(한두 번의 예외가 있었다는 뜻이다.)을 밝히고 싶다. 선생은 쿠션의 위치를 서너 차례 조절하더니 5점에 가까워졌다는 득의의 표정을 지었다. 그러곤 느닷없는 질문을 투포환 선수처럼 방 안에 투척했다.

"이빨이 빠진 게 꽤 보기 흉하지?"

흉했다. 굉장히 흉했다. 측절치는 없으면 너무도 티가 나는 이빨이다. 그러나 나는 아무 말도 하지 않았다. 내 묵묵부답에 선생은 자문자답으로 응수했다.

"그냥 쑥 빠지더라니까. 이빨이 빠지기엔 아직 젊은데. 이래 봬도 난 네 아버지랑 대학교 동기 동창이거든."

그 말엔 나도 꽤 놀라 하마터면 '정말요?'라며 미끼를 덥석 물

뻔했다. 거짓말 하나 보태지 않고 선생은 아버지의 스승처럼 보였다. 감정을 내보이지 않으려 그토록 노력했건만 나도 모르게 놀람 내지 경악이 표정에 드러났나 보다. 선생은 몸을 살짝 비틀어 가며 허허 웃었고, 그 바람에 선생의 냄새가 곧장 나를 향했다. 설명도 어렵고 잊기도 어려운, 뭐랄까 '총체적 난국' 혹은 '유황불'이라는 관용적 표현을 떠올리게 하던 그 강력한 냄새! 냄새로만 보자면 선생은 산 자보다 죽은 자 쪽에 가까웠다. 나는 참지 못하고 의자를 살짝 뒤로 뺐다.

선생은 고개를 서너 번 끄덕이곤 "자, 한번 봐."라고 말하며 입을 크게 벌렸다. 이상한 인간이었다. 도대체 뭘 보라는 건지. 나는 치과에 온 하마처럼 크게 벌린 입을 힐끗 보곤 다시 고개를 돌렸다. 선생이 크로스백을 여는 소리가 들렸다. "자, 이번엔 이걸 봐." 눈 옆으로 괴이하게 생긴 누런 물체가 보였다. 괴상하고 생소한 생김새에 화들짝 놀라 시선을 주고 말았다. 제기랄. 그건 이빨이었다.('이빨'이라는 상스러운 표현이 거슬릴 수도 있겠다. '이'나 '치아'로 바꿔야 한다고 충고하고 싶어 입이 간지러운 이들도 있겠다. 하지만 작가인 선생 스스로 '이빨'이라 했기에 그 표현을 존중하겠다.) 빠진 이빨은 초등학교 이후 처음 보는 것이었다. 선생은 자신의 이빨을 보며 말을 이었다.

"흔히 이빨이 없다고들 말하지? 내 입장에서 보자면 그런 표현은 옳지 않아. 내 이빨은 분명히 여기 있으니까. 하지만 말이야, 이빨이 있다고 할 수도 없지. 이빨을 소유하고 있기는 하나 이빨이 제자리에 있는 것은 아니니깐. 그러니 이빨이 없다는 표현은 사실 그르지도 않아. 내 말 이해가 되니?"

나는 아무 말도 하지 않았다. 만에 하나 대답하려고 마음먹었다 해도 결과는 같았을 것이다. 자기 이빨을 들고 설교하는 이가 세상에 몇이나 되겠는가? 대놓고 이빨 철학을 논하는 이에게 도대체 뭐라 대답해야 옳겠는가? 선생은 엉뚱했다. 방 안에 틀어박힌 내가 보기에도 선생은 엉뚱했다. 열심과 진심으로 세상을 바꿀 수 있다고 믿는 사람처럼은 절대 보이지 않았다. 고지를 되찾고 싶어 안달복달하는 사람처럼은 절대 보이지 않았다. 선생은 더러운 이빨이 데이미언 허스트*의 정교한 복제품이라도 되는 양 한참 더 바라보다가 천천히 크로스백에 넣었다. 그러고는 곧바로 이야기를 시작했다.

"옛날에, 아주 오랜 옛날은 아니고 한 이백 년 전에 이빨 하나를 잃은 이가 있었단다. 그이는 나보다도 젊은 나이에 이빨을 잃었어. 마흔을 갓 넘겼을 때니까 말이야. 그 사정은 나중에 말해 줄게. 아무튼 그 뒤로 이십 년 동안은 이빨 사정이 괜찮았어. 그러다 또다시 이빨 하나를 잃었지. 이십 년 전엔 하나만 빠지고 끝났지만, 이번엔 좀 달랐어. 예순 넘은 나이에 이빨의 체계가 흔들렸다는 건

● 데이미언 허스트(Damien Hirst) 영국의 현대 미술가. 해골에 다이아몬드를 박는 등 기괴한 작품들로 유명세를 탔다.

다른 이빨들도 따라서 빠질 것이라는 예언이나 마찬가지니까. 성우…… 아니, 미노라고 했지, 그러니까 성우…… 아니, 미노 너도 나이에 비해 간난신고*(선생은 정확히 이 단어를 썼다. 앞으로 등장하는 고리타분한 문어체 표현은 다 선생이 쓴 것이다.)를 겪은 셈이니까 어느 정도 실감했겠지만 불행은 결코 혼자 찾아오지 않아. 둘이 오거나 셋이 오거나 떼를 지어 오지. 그이의 불행도 그래서 하룻밤 자고 나니 멀쩡하던 오른쪽 어금니까지 흔들거렸어. 그 상태로 며칠을 더 지내자 어금니는 뿌리만 간신히 걸려 있게 되었지. 눈치만 보던 다른 이빨들도 때는 이때다 하고 동조 파업에 나섰고. 그이는 그 상태를 이렇게 표현했어."

선생은 또다시 크로스백을 뒤적거려 종이 한 장을 꺼냈다. 부드럽지 못한 전개와 조금은 버벅거리는 이야기 방식과 달리, 선생은 '이야기 선생'에 걸맞은 최소한의 요건을 충족시키기 위해 자기 나름대로 몇 가지 준비를 해 온 게 분명했다.

"자, 잘 들어 봐. '무엇보다도 어금니가 가장 큰 문제라오. 안쪽은 이미 쑥 빠지고 겉만 간신히 걸려서 버티는 꼴이 마치 마른 나뭇잎이 나뭇가지에 꼭 붙어 떨어지지 않으려는 것과 같소. 말하거나 숨을 쉬는 사이에도 자꾸 어금니가 뒤집히고 이리저리 움직인다오. 귀를 기울이면 툭툭 혹은 톡톡 소리까지 들리니 참 신기하지 않소?'[1](선생은 종이를 접어 크로스백에 넣곤 말을 이었다.) 문장

● 간난신고(艱難辛苦) 몹시 힘들고 어려우며 고생스러움.

을 들었으니 대충 이 사람의 성격이 느껴질 거야. 난 글은 곧 사람이라 믿거든. 그이는 꽤 대범했어. 게다가 호기심도 참 많았지. 이빨을 연달아 잃을 위기에 놓인 자신의 신세를 한탄하기는커녕 '그렇군, 때가 되었군.' 하고 여유롭게 받아들인 후, 과학자의 면모를 발휘해 이미 빠져 버린 이빨을 들고 밝은 데로 가서 관찰하는 유형의 사람이었다는 뜻이야. 이리저리 이빨을 움직이며 들여다보던 그이의 시선이 멎은 곳은 이빨 뿌리였어. 왜 그랬겠니? 잇몸에 붙어 있을 땐 보이지 않던 게 뿌리니까 궁금해서 그랬겠지. 그런데 이뿌리가 말이야, 너무나 연약해 보였어. 그 가늘고 부실한 뿌리로 수십 년 넘게 잇몸에 붙어 있었던 게 신기할 지경이었지. 그이는 한참 고민한 끝에 마침내 결론을 내려. 아하, 이빨이 버틸 수 있었던 건 뿌리가 튼튼해서가 아니라 내 몸의 힘과 원기 때문이었구나. 힘과 원기가 떨어지니 내 몸에 속했던 걸로 여겼던 이빨이 빠져나갔구나. 아하, 세상만사도 이와 같구나. 세상이 힘들어 나를 놓아 버렸구나. 멀쩡한 나를 버리는구나. 버려진 나는 포효 한번 못 하고 고요히 늙어 가는구나."

선생의 목소리가 갑자기 끊겼다. 잠깐 기다렸지만 더 이상 이어지지 않았다. 그러니까 선생의 말은 그것으로 '끝'이었다. 아니, 선생의 자기소개를 존중하자면 선생의 '이야기'(과연 내가 들은 게 이야기인지 아닌지는 펭귄의 날개처럼 애매했지만)는 어떤 징조도 없이 갑작스럽게 끝났다.

곁눈질로 선생을 슬쩍 보았다. 선생은 눈을 감고 있었다. 잠시 후엔 가볍게 코를 골았다. 선생은 쿠션에 등을 대고 발을 포갠, 이야기하던 그 자세 그대로 잠이 들었다. 신체 역학적 관점에서 볼 때 몹시 불편할 것 같았지만 선생은 눈을 뜨지 않았다. 조금은 황당한 상황이었다. 침입자 혹은 방문객을 제법 많이 접했던 나로서도 처음 겪는 일이었다. 그러나 굳이 깨울 필요까지는 느끼지 않았다. 나는 선생에게 바라는 게 없었다. 선생이 이야기를 하건 잠을 자건 모두 선생의 자유였다. 뭘 하든 정해진 시간만 때우다 가면 그만인 것이다.

나는 앉은뱅이책상에 올려놓았던 봉투, 아침에 엄마가 방 안에 넣어 준 봉투에서 편지를 꺼냈다. W가 보낸 짧은 편지였다. 아니, 편지라고 할 수도 없었다. 분량은 달랑 두 줄이고, 우정 어쩌고 하는 진부한 내용은 어디선가 베낀 것이 분명했다. 새삼스러운 일은 아니었다. 매번 그랬으니까. 나는 형식상 편지이나 실상 꼭 그렇지만도 않은 두 문장을 읽고 생각하고, 또 읽고 생각하고, 또 읽고 생각했다. 그러기를 다섯 세트 정도 반복했을 즈음, 그러니까 열다섯 번 정도 읽고 생각해서 머릿속에 두 줄의 문장이 새겨졌을 즈음, 선생이 흐흠 하고 가래 섞인 목청을 가다듬는 소리가 들렸다.

"미안하구나. 깜빡 잠이 들었나 보다."

사과는 정중했으나 미안해할 필요까지는 없었다. 나는 선생의 말에 대꾸하지 않고 편지를 봉투에 넣었다. 책상의 첫 번째 서랍을 열어 봉투를 맨 위에 올려놓은 후 다시 닫았다. 일이랄 것도 없는 작업을 마친 나는 선생을 살짝 보고는 문을 보았다. 이제 그만 가 달라는 의사 표시였다. 선생은 허허 웃으며 기지개를 켜고 머리를 긁적였다. 몸에서는 지옥 같은 냄새가 났고 머리에선 진눈깨비 같은 비듬이 떨어졌다. 선생은 손바닥으로 머리를 탁탁 두드려 남은 비듬을 마저 떨어뜨리곤 입을 열었다.

"성우, 아니 미노라 그랬지. 내가 자꾸…… 미노야, 어차피 들통 날 테니 실토하겠다. 이야기 선생을 하기는 이번이 처음이다. 거 뭐냐, 그러니깐 많이 미숙할 거라는 말이다. 그래도 네가 참고 들어 주었으면 좋겠다. 뭐 다른 요구는 없다. 꼭 내 얼굴을 쳐다볼 필요는 없으니까, 일일이 대답할 필요도 없으니까, 그냥 듣는 시늉 정도만 하면 초보 이야기 선생인 나로선 대만족이다."

선생은 동의를 구하듯 두꺼운 턱을 살짝 들었다. 나는 아무 말도 하지 않았다. 고개를 끄덕이지도 않았다. 나는 일어나서 창가로 갔을 뿐이다. 4층에서 내려다본 거리는 여느 때와 다름없이 조용했다. 건물들은 멀쩡했고, 차들은 달렸고, 사람들은 핸드폰을 보며 걸었다. 개 한 마리도 고개를 들어 나를 보지 않았다.

"그럼 동의한 걸로 여기마. 내일 보자."

선생이 힘겹게 일어서 문을 열고 밖으로 나간 후 나는 세탁기 옆에 놓인 걸레를 집어 들었다. 침대를 박박 문지르고 책상을 닦고 바닥을 훔쳤다. 좁은 방이라 그리 오래 걸리지 않았다.

3

선생의 사연을 이어 가기 전에 갑작스럽게 내 사연으로 넘어가는 무례를 양해해 주시길.(얼마 쓰지도 않았는데 벌써 세 번째 구하는 양해다. 이러다 서문이 아니라 양해 각서가 될지도 모르겠다.) 내 글에서 선생의 내밀한 사연을 기대하는 여러분의 심정을 모르는 바는 아니다. 이해한다. 십 년 넘게 은둔하다시피 하던 중견 작가가 오랜만에 발표한 신작 『연암의 느릿한 걸음』을 비싼 돈 주고 구입해 막 펼친 마당이니 말이다. 그런데 첫 장을 여니 서문이 기다리고 있다. 이름도 못 들어 본 작자가 쓴 지루하고 긴 서문이. 하지만 내 마음도 몹시 불편하다. 내 사생활을 일면식도 없는 남들(선생이라면 독자라고 부르겠지만)에게 공개해야 하는 게 꺼림칙하다. 그럼 선생 얘기나 계속하지 왜 자꾸 사연을 꺼내지 못해 안달복달하느냐고? 다 선생 때문이다. 내 사연이 그 시절의 선생을 깊이 이해하는 데 멸치 꼬랑지만큼은 도움이 된다고 믿기 때문이다.(훌륭한 작가들을 많이 알고 있을 선생이 굳이 나 같은 인간에게 서문을 부탁했다는 점에 대해 '깊이' 생각해 보기 바란다.)

앞에서도 밝혔듯 나는 글쓰기 전문가도, 다른 무엇에 관한 전문가도 아니다. 그렇지만 나이에 비해 꽤 두둑한 아르바이트 경험을 토대로 감히 이렇게 말하고 싶다. 벽돌을 쌓다가 잠깐 멈추고 그동안 쌓았던 벽돌을 한번 점검하는 것, 별것도 아닌 그 당연한 점검이 길게 봐서는 건물을 튼튼하게 완성하는 데 꽤 도움이 된다. 그러니 잠시 내 얘기를 하겠다.

선생을 처음 만난 그날 밤, 나는 '외출'을 했다. 깜짝 놀라는 척하는 이들도 몇 명은 있겠다. 일리가 있다. 불과 몇 장 앞에서 나는 내가 방 안에 틀어박혀 사는 사람이라는 인상을 주는 문장—나를 방에서 꺼내는 것, 그것이 그들이 도달하고자 하는 '고지'였다—을 썼다. 내 글을 부정하겠다는 건 아니다. 그 시절 나는 분명히 방 안에 틀어박혀 살았으므로. 하지만 밤이 되면 가끔 외출을 하기도 했다. 그럼 완벽한 '히키코모리'는 아니었네,라고 냉정하게 진단을 내릴 이들도 서넛은 있겠다. 아무래도 좋다. 히키코모리라고 불러도 좋고 절대 아니라고 말해도 좋다. 나는 히키코모리의 정의에 부합하는 인간이 되기 위해 방에 틀어박힌 건 아니니까.

사람들이 뭐라 부르건 그 시절 나는 밝은 낮에는 방 안에 틀어박혔고, 어두운 밤이 되면 가끔 외출을 했다. 그게 그 당시 내 모습이었다.(써 놓고 보니 히키코모리보다는 드라큘라에 가까웠다는 느낌도 든다.) 야구 중계를 즐겨 보던 나는 9시쯤이 되면 텔레비전을 껐다.(대략 6, 7회가 진행되었을 시간이다. 왜 그랬느냐고? 누가 이기고 지고 하는 결과 따위는 하나도 궁금하지 않았기 때문이다. 또 다른 이유를 들자면 엄마가 세탁기를 가동하는 게 그때쯤이었기 때문이다.) 침대에 누워 드럼 세탁기의 진동을 온몸으로 느끼며 멍하니 시간을 보내거나, 오래된 만화책을 보거나, 외출을 하거나, 나는 이 셋 중에 하나를 선택했다.

외출 시간과 경로는 대개 비슷했다. 집에서 출발해 거리 끝까지 갔다가 다시 돌아오는 한 시간 내외의 경로였다. 특별한 외출은 아니었으니 길게 말할 것도 없다. 경로에 포함되었던 세 가지 장소만 설명하고 넘어가겠다.

첫 번째 장소는 '비석 무덤'이다. 공식 명칭이 비석 무덤인 것은 아니다. 낡은 안내판에는 'Y시 비석군'이라는 이름이 적혀 있다. 그러나 내겐 비석들의 무덤일 뿐이었다. 만들어진 시기도 제각기인 비석들이 원래 자리도 아닌 공터에 옮겨져 조회하듯 1미터 간격으로 서 있는 꼴은 공동묘지의 무연고 무덤들과 다를 바 없었다. 이름이야 아무래도 좋다. 집에서 걸어서 십 분 거리에 위치한 비석 무덤은 내가 제일 좋아하던 장소였다. 외출 시간을 한 시간이라

하지 않고 한 시간 내외라고 한 까닭은 바로 비석 무덤 때문이다. 무슨 말이냐 하면 비석 무덤에 얼마나 머무는지에 따라 전체 외출 시간이 결정되었다는 뜻이다. 그날그날 기분에 따라 십 분에서 삼 십 분까지 비석 무덤에 머물렀으니 평균 시간은 이십 분 정도라고 할 수 있겠다.

여기까지 읽은 이들은 대략 짐작하겠지만 내가 그 장소를 좋아 했던 게 비석 애호가여서는 아니다. 사실 난 비문조차 제대로 읽지 못했다. 기껏해야 선정비, 불망비 정도가 고작이었다. 비석에 새겨 진 나머지 한자들은 고등학교도 졸업하지 못한 내겐 요령부득한 암호나 마찬가지였다. 그럼에도 비석 무덤을 그토록 좋아했던 이 유는 무엇인가? 밤 시간의 비석 무덤은 철저히 버려진 공간이었 다. 서른 개 남짓의 오래된 비석들, 도둑고양이들, 그리고 선생 같 은 거대한 몸집의 어른을 두세 명 묶은 것보다도 굵은 밑동을 자 랑하는 늙은 버드나무 서너 그루(그중 하나엔 보호수라는 푯말도 붙어 있었다.)까지 있어 「전설의 고향」급의 귀기를 풍기는 그곳을 늦은 밤에 굳이 찾아가는 인간은 나 말고 아무도 없었다.

두 번째 장소는 1970년대풍 2층 벽돌집이다. 조성된 시기를 기 준으로 거리의 구획을 나누자면 2층 벽돌집은 옛 거리의 초입에 위치했다. 나는 대체로 새 거리의 끝에 서서 길 건너편 2층 벽돌집 을 눈으로 찍고 다시 발걸음을 돌렸다. 그러니까 그 집은 마라톤 코스에 비유하자면 반환점인 셈이었다.

세 번째 장소는 고시원 건물이다. 비석 무덤이 머무르는 장소였다면 고시원은 지나치는 장소였다. 어쩔 수 없이 고개를 돌려 힐끗 쳐다보게 되는 곳이었다. 대단한 이유는 없었다. 아버지가 '실장'으로 재직 중이고 엄마가 '청소부'로 일한다는 이유 말고 다른 이유는 없었다.

선생을 처음 만난 그날 밤 나는 야구를 보다 6회 2사 만루에서 텔레비전을 껐고, 세 가지 선택지 중 외출을 골랐고, 앞서 언급한 세 장소(도형에 비유하면 부등변 삼각형을 이루는)를 거쳐 집으로 돌아왔다. 평범한 외출이었으나 평소와 다른 사건이 하나 있기는 했다. 거창하게 사건이라고 부르기도 뭐한 작은 일이 있기는 했다. 고시원 건물 1층의 편의점에서 선생을 본 것이다. 선생은 편의점 구석에 서서 작은 용량의 컵라면을 먹고 있었다. 몸집이 거대한 선생이 왜 114그램짜리를 마다하고 65그램짜리 컵라면을 골랐는지는 모르겠다. 그 덕분에 영국에서 온 거인이 1미터짜리 젓가락으로 쌀 한 톨을 집는 묘기를 부리는 것에 비견할 만한 인상적인 풍경이 완성되었다. 나는 3.5미터 정도 떨어진 곳에 멈춰 서서 그 풍경을 몇 초간 감상했다. 선생에게 들킬 염려는 없었다. 몹시 갈급해 보이는 선생은 아예 컵라면에 머리를 처박다시피 했으니. 선생의 젓가락이 하도 바쁘게 움직여서 그 소리가 편의점 바깥에까지 선명하게 들리는 듯했으니.

4

다음 날 선생은 약속대로 다시 문을 두드렸다. 선생은…… 아니다. '벽돌 점검'의 교훈을 한 번 더 떠올려야겠다. 무턱대고 앞으로 나아가기 전에 잠깐 짚고 넘어가야 할 사항이 더 있다.(양해하는 김에 이 두서없음도 양해해 주시길.) 처음에는 문을 가볍게 똑똑 두드린 뒤 잠깐을 기다렸다 2.33배 묵직하게 똑똑 두드리는 사람, 즉 아버지에 대해 먼저 언급해야만 한다. 여기가 아니면 소개할 기회가 영영 없을 것 같으니 바로 이 대목에서 이야기해야만 한다.(가족 소개를 하려는 것은 아니다. 앞서 밝혔듯 나는 신상을 공개하고 싶어 미쳐 날뛰는 인간은 아니다. 그저 선생과 관계가 있기에 어쩔 수 없이 아버지를 다룬다.)

그 시절 아버지는 오전 두 시간, 즉 대략 8시에서 10시까지만 집에 머물렀다.(잠도 고시원에서 잤다. 집에서 자는 날은 토요일 하루뿐이었다. 토요일 밤 고시원을 아버지 대신 지키는 사람은 엄마였다.) 고시원에서 돌아와 아침을 먹고, 세수를 하고, 옷을 갈아입은 후 습관처럼(정확히는 이삼일에 한 번꼴로) 내 방문을 가볍고 묵직하게 두드렸다. 아버지는 즐거운 일이라도 있었던 사람처럼 유쾌한 목소리로 잘 잤느냐는 인사를 건네고는 바닥에 앉아 한쪽 무릎을 세운 경박한 자세로 신문을 읽었다. 두 번에 한 번 정도(그러니까 나흘에서 엿새에 한 번꼴로)는 신문 기사 제목을 소리 내어 읽었다. '삭발한 아버지가 흐느꼈다. 딸에게 줄 꽃을 손에 쥔 채', '달라지겠다는 약속, 대한민국은 지키고 있습니까?', '교사 1만 7104명 시국 선언'[2] 등을 말이다. 왜 그랬는지는 모른다. 나한테 소감을 요구한 것도 아니기에 아무 대꾸도 하지 않았다. 아버지가 자기식의 고독한 의례를 치르는 동안 나는 창가에 서서 밖을 보았다. 아버지는 보통 십 분 정도 있다 나갔다.

두 번째 방문일, 선생은 10시 반 정도에 방문을 뚝, 두드렸다. 그날은 아버지가 들렀으니 선생은 아버지가 나가고 이십 분 정도 지나서 방문을 두드린 것이다.

선생은 잠깐 간격을 두었다가 문을 열었고(문은 또다시 삐거덕거렸고) 조금은 힘겹게 방으로 들어와선 곧장 침대에 몸을 기대고 이야기를 시작했다. 자, 또다시 벽돌 점검 차례다. 이번엔 또 뭐냐고? 역시나 꼭 짚고 넘어가야 할 문제가 있기 때문이다. 선생의 이야기가 문제다. 아니, 그 시절 선생이 들려주었던 이야기를 어떻게 전달하느냐가 문제다. 첫 번째 이야기처럼 선생의 말투를 흉내 내는 것도 분명 하나의 방법이겠다. 사실성을 추구해서 '세'나 '쉐'를 잔뜩 동원할 수도 있겠다. 그러나 그건 좀 그렇다. 예전의 나는 상관없었지만 지금 와 그대로 옮겨 적자니 좀 그렇다.

거듭 말하지만 나는 글쓰기 전문가가 아니다. 하지만 비전문가인 내 생각에도 사실 그대로 전달하는 방식엔 문제가 있어 보인다. 서투른 모방(아무래도 선생과 똑같을 수는 없으므로)은 이야기를 제대로 전달하기는커녕 이 서문을 더 지루하게 만드는 역효과를 불러올지도 모른다. 그래서 지금부터 선생이 내게 예전에 들려주었던 이야기에 한해서는 『연암의 느릿한 걸음』의 일부를 직접 인용하겠다. 그편이 서문이라는 이 글의 성격에는 더 잘 어울릴 것이다. 대충 살펴보니 평론가라는 이들이 글을 쓰는 방식과 흡사하기도 하다. 내가 평론가냐고? 물론 그렇지 않다. 나는 모든 분야의 비전문가일 따름이다.

5

기린협에 콕 틀어박히러 가는
백영숙에 대한 이야기[3]

산방이 보이는 언덕에 이르러서야 말을 멈추었다. 적막강산˚의 풍경은 여전했다. 계곡도 여전했고, 나무도 여전했고, 바위도 여전했고, 구름도 여전했다. 닭 울음소리, 개 짖는 소리, 사람 소리도 없는 무인지경에 제비들만 주인인 양 유유히 날아다녔다. 제비들을 바라보다가 육시랄로 시작하는 욕지거리 한 번 내뱉고 말에서 내렸다. 욕을 내뱉었지만 불만은 여전히 남아 그의 얼굴과 피를 검게 물들였다.

여느 때와는 사뭇 다른 모습이었다. 평소였다면 어떻게 했을까? 산방을 보자마자 말을 채찍질했을 것이다. 조금이라도 빨리 산방

˚ 적막강산(寂寞江山) 아주 적적하고 쓸쓸한 풍경을 이르는 말.

에 도달하기 위해. 산방에 도착해서는 어떻게 했을까? 산방 문을 열어젖히고 바닥에 드러누웠을 것이다. 여전한 적막강산과 무인지경을 만끽하기 위해.

그런 그가 꼭 산방을 경원하는 이처럼 행동했다. 군관에게 목덜미를 잡힌 시정잡배처럼 인상을 썼고, 욕을 퍼부었고, 끝내는 침까지 뱉었다. 이유는 오직 하나, 등 떠밀려서 왔기 때문이다. 이전에는 자신이 원해서 산방에 왔던 데에 비해 오늘은 타의에 의해 마지못해 왔기 때문이다. 자발성과 강제성의 차이가 산방을 대하는 그의 태도를 180도 다르게 만들었다. 더 우울한 사실은 그에게 다른 길이 없다는 것이다. 스스로 원했든 그렇지 않든, 서울을 떠나 연암협의 적막한 골짜기에 머리를 쏙 집어넣은 이상 빠져나갈 길은 없었다. 주변엔 사람 사는 집이 아예 없었다. 해도 저물어 가는 지금 그가 머물 만한 공간은 산방이 유일했다. 인상 쓰기도, 욕도, 침도 다 소용없다는 뜻이다. 결론은 하나뿐이었다.

좁은 언덕을 맴돌고 또 맴돌다 지쳐 걸음을 멈춘 그가 씁쓸한 웃음을 지으며 운명처럼 정해진 수순을 따르려는 순간 익숙한 바람 소리가 들렸다. 휘휘 갈대밭을 휩쓰는 익숙한 바람 소리에 한 사내의 헛헛한 웃음소리가 섞여 들렸다. 호탕하면서도 텅 빈, 이율배반의 오묘한 웃음을 짓는 이는 이 세상에 영숙, 하나밖에 없었다. 그렇다. 영숙이었다.

그가 돌아보자 영숙은 산방 뒤쪽, 그러니까 장래에 산방이 들어설 공간 뒤쪽을 가리키며 입을 열었다.

　"저쪽에다가는 집을 세우고 울타리를 치고 뽕나무를 심으면 되겠네. 요 앞 갈대밭을 다 태우고 밭을 일구면 좁쌀 천 석은 너끈히 수확할 테고."

　말한 것을 행동으로 옮기지 않고는 못 배기는 영숙은 부시를 쳐서 갈대밭에 불을 붙였다. 심심해서 죽을 지경이었던 바람은 불과 함께 갈대밭을 마구 뛰어다녔다. 불과 바람의 횡포에 꿩이 날아올랐고 새끼 노루가 뛰어올랐다. 영숙의 눈에서 반짝 빛이 났다. 영숙은 재빨리 새끼 노루의 뒤를 쫓았다. 그는 가만히 서서 사람과 노루의 대결을 지켜보았다. 그러나 추격전은 시작하자마자 허무하게 끝났다. 무술로 단련한 영숙이라고는 하나 영숙은 사람이었고, 새끼라고는 하나 노루는 노루였다. 필사적으로 달리던 새끼 노루가 개울을 건너 도망가는 바람에 상황은 갑자기 종료되었다. 터덜터덜 걸어온 영숙은 그를 보며 절레절레 고개를 저었다. 그러곤 커다란 손바닥을 머리 위로 올려 탁탁 부딪치며 알쏭달쏭한 질문을 던졌다.

　"자네는 얼마나 살까? 백 년? 천 년?"

　대답을 듣고자 하는 질문은 아니었다. 그의 침묵에 영숙은 깊은 한숨을 내쉬었다.

　"아무리 둘러봐도 계곡, 나무, 바위, 구름밖엔 없네. 이런 곳에선 답답해서 살 수가 없다는 말일세. 그래도 여기에 자리 잡고 살겠나? 거친 밥을 해 먹고, 꿩과 노루나 쫓아다니며 백 년도 안 되는 생을 허비하겠나? 서울에서 나고 자란 자네가, 친구들과 어울리고 떠드는 걸 그 누구보다 사랑하는 자네가 과연 그럴 수 있겠나?"

그는 아무 말 하지 않고 영숙을 보았다. 영숙의 눈에서 반짝이던 빛이 사라졌다.

익숙한 바람 소리가 들렸다. 돌아온 바람과 함께 많은 것들이 사라졌다. 영숙이 사라지고, 갈대밭이 사라지고, 과연 살 수 있겠느냐고 묻던 질문이 사라졌다. 눈에 들어오는 건 적막강산의 여전한 풍경과 무인지경의 외로운 산방뿐이었다.

그는 말에 올랐다. 산방을 향해 다가가면서 영숙이 던졌던 물음을 떠올렸다. 영숙은 과연 옳았는가? 어제까지의 그라면 영숙이 오판했다고 자신 있게 주장했을 터였다. 그는 달관한 시인처럼 계곡, 나무, 바위, 구름, 그리고 산방을 두루 즐겼으므로. 적막강산과 무인지경이 답답하기는커녕 오히려 속이 트이는 기분을 만끽했으므로. 하지만 오늘만 놓고 본다면 영숙의 판단이 옳았다. 오늘의 그에게 산방은 적막강산과 무인지경이 가시울타리 역할을 맡은 위리안치*의 유배지였다. 그래서 그는 보이지 않는 가시울타리로

● 위리안치(圍籬安置) 유배된 죄인이 거처하는 집 둘레에 가시로 울타리를 치고 그 안에 가두어 두던 일.

둘러싸인 산방에 도달하기까지 생각하고 또 생각했다. 영숙의 판단은 과연 옳았는가, 하고.

　그는 생각은 많고 결단은 느린 사람이었다. 그래서 산방 앞에 도착하는 순간까지 아무런 답도 얻지 못했다. 소득이 아주 없지는 않았다. 이빨을 손에 넣었다. 하나뿐인 지치(智齒)가 산방에 도착한 바로 그 순간에 쑥 빠진 것이다. 그는 입 안에 손을 넣어 지치를 꺼냈다. 지치를 보며 깊은 생각에 잠겼던 그는 이빨을 꼭 쥔 채 사립문을 열었다.

6

이야기를 마친 선생은 눈을 감았고 잠시 후엔 가볍게 코를 골았다. 선생이 이야기하던 자세 그대로, 신체 역학을 거슬러 가며 숙면하는 동안 나는 책상 서랍을 열어 안에 든 봉투를 모두 꺼냈다. 육 개월 전부터 일주일에 한 통, 혹은 두 통씩 왔으니 마흔 통가량 되었다. 편지를 꺼내기만 하고 읽지는 않았다. 그저 노려보기만 했다. 마치 투시 능력을 갖고 싶어 안달복달하는 초능력자 지망생처럼. 하나 마나 한 이야기겠지만 초능력자가 아닌 내겐 투시 능력이 없었다. 아무리 뚫어져라 보아도 봉투는 봉투였다. 평범한 인간인 나는 봉투 속에 숨은 단 한 글자도 읽을 수 없었다.

"누가 보낸 거냐?"

갑작스럽게 들린 선생의 목소리에 일순 움찔한 나는 아무 일도 없었다는 듯 천천히 서랍을 열고는 봉투들을 넣었고, 빠뜨린 게 없음을 확인한 후 다시 서랍을 닫았다.

"혹시 애인?"

선생은 무례했다. 나는 정중하게 대하려 애를 쓰는데 선생은 그러지 않았다. 나이에 어울리지 않는(아니, 지극히 중년 남자다운) 저열한 호기심을 드러내 놓고도 부끄러운 줄 몰랐다. 나는 선생을 살짝 보고, 문을 보았다. 메시지는 동일했다. 이제 그만 가 달라는 뜻이었다. 선생은 기지개를 켜고 큰 소리로 허허 웃었다. 성난 파도처럼 몰려오는 냄새 때문에 나는 고개를 표 나게 돌렸다.

"내 이야기는 아직 다 끝나지 않았다."

무슨 이야기가 또 남았다는 건지 알 수 없었다. 나는 아무 말도 하지 않았다. 그렇다면 그런 것이겠지. 선생은 다시금 크게 기지개를 켰는데, 그 바람에 침대에서는 방귀 소리 비슷한 효과음이 만들어졌다. 선생은 모처럼 허허가 아닌 흐흐흐흐, 자지러질 듯한 웃음을 흘린 후 말을 이었다.

"하여간 이 냄새나는 가죽 주머니 같은 몸뚱이 때문에…… 그건 그렇고 내 생각해 봤는데 이야기라는 건 말이야, 보기와는 달리 꽤 질긴 놈이라 씹고 또 씹어야 제대로 맛을 느낄 수 있는 법이다. 그러니깐 잠깐 되씹는 시간을 가져 보면 어떨까? 예를 들면 그러니깐 성우, 아, 미안하다. 내가 자꾸만…… 미노야, 너는 내 이야기의 주인공인 '그'가 누군지 알겠니?"

나는 아무 말도 하지 않았다. 그런데 거리에서 갑작스럽게 자동차 경적 소리가 울리는 바람에 고개를 살짝 돌리는 실수를 저질렀다. 우려는 현실이 되었다. 선생은 내 고갯짓을 모른다는 대답으로 간주했다. 선생은 허허 웃으며 고개를 끄덕였다.

"박지원이라는 사람이다. 흔히 연암이라 불리는 박지원. 다른 건 몰라도 『열하일기』라는 책은 들어 본 적 있지? 조선 시대, 아니 우리 역사 전체를 통틀어 가장 유명한 중국 여행기인 『열하일기』를 쓴 사람이 바로 박지원이다."

박지원이라면 들어 본 적은 있었다. 『열하일기』? 들어는 보았으나 읽어 본 적은 없었다. 책 표지 한번 들춰 본 적도 없었다. 그러나 나는 아무 말도 하지 않았다.

"박지원에 대해선 계속 이야기를 듣다 보면 자연스럽게 알게 될 테니 지금은 방금 전 이야기를 즐기는 데 필요한 배경지식만 설명하마. 미노…… 네가 알아 두면 좋은 지식은 딱 두 가지야. 박지원이 마지못해 산방에 가게 된 이유, 그리고 산방이 보이는 언덕에서 느닷없이 영숙이라는 사람을 떠올린 이유, 이렇게 두 가지."

첫 번째 지식을 설명하기 위해 선생은 홍국영과 유언호라는 이름을 언급했다. 홍국영은 박지원을 잡아먹으려는 사람——선생이 곧바로 덧붙인 용어에 의하면 정적——이었고, 유언호는 박지원을 지키려는 사람——선생이 잠깐 틈을 두었다 쓴 용어에 의하면 친구—이었다. 어느 날 밤 유언호는 박지원을 찾아와 홍국영이 목숨을 노리고 있으니 한시라도 빨리 서울을 떠나라고 권고했다. 유언호는 말과 행동이 일치하는 진실한 친구였다. 다른 이가 그렇게 말했다면 박지원은 꿈쩍도 안 했을 것이다. 유언호의 말이었기에 박지원은 그다음 날 아침 날이 밝기도 전에 짐을 싸서 말을 타고 서울을 떠났다.

결론적으로 박지원은 유언호 덕분에 목숨을 건진 셈이다. 그러나 진실한 친구 덕분에 숨 쉬는 건 연장하게 되었어도 박지원의 기분은 썩 즐겁지 않았다. 왜? 그가 자의로 서울을 떠난 게 아니었기 때문이다. 제 발로 움직이기는 했으나 실은 등 떠밀려 쫓기듯 도망친 것이었기 때문이다. 그랬기에 그는 좋은 안식처였던 산방을 갑자기 위리안치의 불편한 유배지로 느끼게 된 것이다.

두 번째 지식을 설명하기 위해 선생은 산방이 자리한 연암협을 언급했다.(박지원의 호인 연암은 바로 연암협에서 따온 것이라는 말도 했다.) 유언호의 권유에 밀려 연암협으로 오기 칠 년 전, 박지원은 서울 생활을 몹시 혐오했다.(왜 그랬는지는 나중에 이야기하겠다고 했다.) 그래서 서울을 떠나 살 만한 곳을 찾기 위해 영숙과 전국을 누비고 돌아다녔다. 그때 발견한 곳이 바로 연암협이다. 영숙은 서울을 떠나고 싶다는 박지원의 바람에 공감하며 호기롭게 따라나섰지만 막상 연암협을 보고 나니 생각이 바뀌었다. 적막강산과 무인지경에선 살아도 사는 게 아니라는 이유를 들어 반대했다. 그러나 박지원은 오히려 적막강산과 무인지경의 음울한 아름다움에 만족했고, 결국 산방을 지어 서울 생활이 싫어질 때마다 찾아가서 머무르는 장소로 삼았다.

"이 이야기의 묘미가 뭔 줄 아니?"

선생은 무언가를 기다리듯 잠깐 이야기를 멈추었다. 선생이 뭘 기다리는지 알지 못하며 관심도 없는 나는 아무 말도 하지 않았다.

"이 이야기의 제목이 바로 「기린협에 콕 틀어박히러 가는 백영숙에 대한 이야기」라는 거야. 박지원이 연암협에 틀어박히는 걸 반대했던 영숙이 몇 년 후엔 오히려 스스로 틀어박히러 간다는 뜻이지. 연암협 못지않은, 아니 연암협보다 더한 적막강산과 무인지경에 말이야."

선생이 크로스백에서 종이 한 장을 꺼내 읽었다.

"영숙이 기린협에서 살겠다고 한다. 송아지를 등에 지고 들어가 밭을 갈겠다고 한다. 장도 직접 담가서 먹겠다고 한다. 아, 기린협은 연암협보다 험하고 궁한 곳이다. 하지만 나는 그를 말릴 수 없다. 나 또한 갈림길에서 거취를 못 정하고 있으니. 하여 나는 그의 뜻을 장하게 여기고 곤궁함을 슬프게 여기지 않으련다."

영숙은 백동수라는 사람의 자라고 했다. 서얼에, 무인이라 했다. 선생은 기골이 장대했을 백동수가 송아지를 업고 쓸쓸히 기린협으로 들어가는 장면을 머릿속에 그려 보라고 했다. 제 발로 걸어 들어가긴 했지만 무인이 칼 대신 송아지를 업고 적막강산과 무인지경으로 향한 게 과연 자발적이었겠느냐고 물었다.

나는 아무 말도 하지 않았다. 몸을 일으켜 창가로 갔다. 선생이 허허 웃었다. 여태 보여 주었던 지나치게 밝은 웃음에 비하면 어딘가 힘이 빠진 웃음이었다. 선생식으로 말하자면 '반짝이던 빛'이 사라진 웃음이었다.

"내 이야기가 어떻게 들릴지 짐작도 못 하겠다. 독자 간담회나 강연 같은 건 예전에 좀 해 보았지만 개인 교사처럼 누군가와 일대일로 이야기하는 건 생전 처음이라. 미노 너로서는 좀 어처구니가 없겠지. 박지원에, 백동수에…… 너와 관계없는 고리타분한 옛날이야기를 무조건 참고 들어야 하니 말이다. 게다가 제 이빨도 제자리에 간수하지 못한 초보 이야기 선생이라니 더 끔찍하겠지. 머리도 지저분하고 냄새도 더럽게 심하고……. 미안하게 됐다. 머리는 더 자주 감을 거고 냄새 문제는 조만간 해결할 생각이다. 자, 모든 게 불만이겠지만 그래도 기왕 시작한 일이니 견뎌 주었으면 한다. 지금은 처음이라 아무래도 모자랄 수밖에 없겠지. 하루 이틀 지나면…… 뭐 보장은 없지만 좀 나아지지 않을까?"

더 이상 경적 소리가 들리지 않는 거리는 여느 때와 다름없이 조용했다. 건물들은 멀쩡했고, 차들은 달렸고, 사람들은 핸드폰을 보며 걸었다. 개 한 마리도 고개를 들어 나를 보지 않았다. 선생은 침대에서 몸을 일으키며 말했다.

"아무튼 내일 보자."

선생은 문을 열고 나가려다 말고 한마디 더 보탰다.

"혹시 아까 이야기에 나온 지치를 모를까 해서 하는 말인데, 지치는 사람니다. 노파심에 하는 말이니 신경 쓰지는 말고. 그럼 이만 간다."

선생이 나간 후 나는 세탁기 옆에 놓인 걸레를 집어 들었다. 침대를 박박 문지르고 책상을 닦고 바닥을 훔쳤다. 좁은 방이라 그리 오래 걸리지 않았다.

7

다음 날 아침, 선생은 다시 문을 두드렸다. 선생은 잠깐 기다렸다 문을 열었고(삐거덕 소리는 생략하겠다.) 방으로 들어와선 곧장 침대로 갔다. 쿠션에 등을 기대고 다리를 포갠 선생이 이야기를 시작했다. 아! 선생의 이야기로 넘어가기 전 언급해야 할 사항이 하나 있다.(짜증은 참아 주시길. 그만큼 꼭 필요한 '벽돌 점검'이라는 뜻이다.) 선생이 오기 전 나의 마음은 그럭저럭 평안했던 며칠 동안과는 전혀 딴판이었다. 복잡다단했던 마음 상태를 간단히 요약해 보겠다. 나는 느닷없이 몰수 패를 당한 격투기 선수처럼 잔뜩 흥분해 있었다. 두 가지 사건 때문이었다. 두 가지 사건이 서로 다른 방식으로 나를 툭툭 건드렸다.

첫 번째 사건은 전날 밤의 외출과 관련이 있다.(그 시절 내게 이틀 연속 외출은 흔하지 않았다.) 외출 시간은 평소와 비슷했고 경로 또한 여느 때와 다르지 않았다. 다른 것은 단 하나, 반환점을 도는 기분으로 2층 벽돌집을 바라보았을 때 익숙한 시선을 느낀 것이다. 그리운 목소리도 뒤따랐다. '이성우, 학교 가자.' 거기에 '그 냄새'까지 더해졌다. 당황한 나는 재빨리 모자를 눌러쓰고 가로등 불이 닿지 않는 구석진 벽으로 뛰어갔다. 어두운 벽에 타조처럼 머리를 처박고 한참을 기다렸지만 사냥꾼의 습격은 없었다. 나는 고개를 살짝 들고 조심스럽게 사방을 둘러보았다. 나를 보는 사람은 없었다. 나를 부르는 사람 또한 없었다. 사람들은 내게 무관심했다. 시선과 달리 그 냄새는 남았다. '민트 향'은 사라지지 않고 남아 내 머릿속에 곧장 침투했다.

두 번째 사건은 아버지와 관련이 있다. 평소처럼 가볍게 그리고 묵직하게 문 두드리고 들어온 아버지는 바닥에 앉아 한쪽 무릎을 세운 경박한 자세로 신문을 읽었다. 제목을 소리 내어 읽던 아버지는 갑자기 읽기를 멈추더니 질문을 던졌다. 무심함을 가장했겠으나 메소드 연기에 익숙하지 못한 아버지의 목소리는 살짝 떨렸다. 질문은 이러했다. "이야기는 들을 만하더냐?"

아버지의 질문은 내 마음에 들지 않았다. 그렇다고 파장을 일으키지도 못했다. 나는 돼먹지 못한 인간의 말도 안 되는 질문 따위는 무시하고 여느 때처럼 창밖을 보았다.

나를 돌아 버리게 만든 건 아버지의 그다음 말이었다. "미안하다. 사내답게 이제 그만 마음을……."

말줄임표를 썼다는 건 말이 더 이어졌다는 뜻이다. 그러나 나는 이어지는 말 따위는 듣지 못했다. 아니다. 정확히 말하자. 이어지는 말은 아예 없었다. 그러니 나는 말줄임표를 써서는 안 되었다. 나는 몸을 돌려 세탁기 위에 놓인 세제 통을 집어 던졌고, 아버지는 갑작스럽게 날아든 세제 통을 피하느라 말을 이을 겨를이 없었다. 아버지는 잠깐 나를 노려보다 "지독한 새끼."라는 말을 내뱉고 나갔다. 엄마는 근위병 교대라도 하듯 곧바로 방에 들어와 깨진 세제 통과 그 속에서 흘러나온 고름 같은 액체를 깨끗이 치웠다. 엄마가 알토 목소리로 내 이름을 부르지 않고 기다리지도 않고 내 방에 들어왔다는 점이 평소와 달랐을 뿐이다. 선생이 문을 두드린 건 엄마가 나간 지 오 분 정도 지나서였다.

또 하나, 지적하고 싶은 게 있다. 선생에게서 민트 향이 났다. 약하기는 하나 민트 향이 분명했다. 전날 2층 벽돌집 앞에서 맡은 민트 향과 동일했다. 하지만 향기는 지문이나 DNA가 아니므로 그것만으로는 아무것도 유추할 수 없었다. 껌에도 쓰이는 민트 향은 이론상 세상 어디에나 존재할 수 있다. 그러나 내 마음은 크게 흔들렸다. 그게 내가 선생을 흘낏 본 이유다. 선생은 내 시선의 의미를 오해했다. 선생은 큰 소리로 허허 웃으며 말했다.

"노력 좀 했다. 냄새가 어제보다는 좀 덜할 거다."

8

대나무 언덕 집 이야기[4]

개성에서 나고 자란 양직은 사람됨이 깨끗하고 지조와 절개를 두루 갖춘 사람이었다. 그를 대하는 태도가 양직이 어떤 사람인지 정확하게 증명한다. 양직은 그를 잘 알지도 못하면서 별장을 빌려 주겠다고 자청했고, 고마워하는 그에게 생색을 내기는커녕 친구라면 의당 그래야 한다면서 필요한 건 뭐든 주저하지 말고 부탁하라는 말까지 덧붙였다. 그러니까 양직은 그가 개성에서 처음 사귄, 친구라 부르기에 부족함이 없는 됨됨이를 지닌 이였다.

그러나 양직이 십년지기의 노숙한 풍모를 흉내 낸다고 해도 신출내기 친구의 한계는 분명 존재했다. 결정적인 증거 하나. 도리 삼아 몇 번 찾아간 그에게 양직은 자꾸만 글을 써 달라고 졸랐다.

그의 오랜 친구라면 그런 짓은 하지 않는다. 그 스스로 무언가를 느끼기 전엔 절대로 글을 쓰지 않는다는 사실을 알고 있으므로 글을 얻고 싶으면 그저 넌지시 눈치만 줄 뿐 대놓고 하는 부탁 따위는 피한다. 하지만 양직은 아무래도 신출내기 친구라 뭣도 모르고 자꾸만 떼를 썼다. 못 쓸 건 없었다. 글 하나를 써서 후의에 답한다면 그 또한 나쁘지 않은 일일 테니. 별장 체류와 글 한 편을 바꾸는 건 동서고금의 그 어떤 셈법으로도 밑지는 장사는 아닐 테니. 하지만 그는 내키지 않았다. 왜 그랬을까?

양직은 대나무에 관한 글을 써 달라고 했다. 양직은 자기 집에다 '죽오(竹塢)', 즉 '대나무 언덕'이라는 이름을 떡하니 붙였다. 그리고 글씨 잘 쓰는 이에게 부탁해 죽오 두 글자를 얻어 벽에 걸었다. 이제 필요한 건 왜 집 이름이 하필 대나무 언덕인지 설명하는 글이었다.

그러나 그는 대나무에 관한 글은 절대로 쓰고 싶지 않았다. 예로부터 대나무를 찬양한 사람이 셀 수 없이 많았기 때문이다. "푸른 대나무 무성도 하네" 운운하는 『시경』의 시와 대나무를 "어이, 이 친구" 하고 불렀다는 서예의 대가 왕휘지가 좋은 예일 터. 『시경』의 푸름과 왕휘지의 격의 없음에 감탄한 이들은 경전과 명인을 경외하는 방법이 오직 하나뿐인 듯 대나무를 찬양하고 또 찬양했다. 수많은 글이 등장하다 보니 대개는 비슷비슷했다. 바람과 서리에도 변치 않는 지조, 소탈하고 자유로운 모습 등은 단골 중의 단골 표현이었다. 사정이 이러하니 남들이 쓰지 않는 참신한 표현을 추구하는 그로서는 식상할 대로 식상한 대나무라는 소재가 전혀 내키지 않았던 것이다.

내키지 않지만 무작정 안 쓰겠다고 손 내저을 수는 없었다. 신세 지곤 못 사는 게 그의 성미였다. 굳이 성미까지 들먹이지 않더라도 후의엔 어떤 식으로든 답하는 게 사람의 도리이니 무슨 글이든 쓰기는 써야 했다. 그는 사람의 도리를 지키기 위해 양직에게 제안을 하나 했다.

"집 이름을 바꾸시오. 그럼 읽는 이들이 다 감탄할 멋진 글을 써주겠소."

그는 후의와 도리를 의식하며 상대가 혹할 만한 완벽한 후속 조치까지 취했다. 죽오 대신 집 이름으로 쓰기에 좋은 후보들, 그러니까 연상각, 백척오동각, 소엄화계, 주영렴수재 등 듣기에 그럴듯하고 의미도 심장한 이름들을 줄줄 읊었다. 그중엔 자신이 나중에 쓰려고 생각해 놓은 이름들도 있었으니 그로서도 할 만큼은 한 셈이었다. 기이하고 운치 있고 아름답기까지 한 그 이름들을 듣고 양직은 어떻게 반응했던가? 대답은 짧고 굵었다.

"싫습니다."

뜻밖의 단호한 대답에 그는 약간 당황했다. 돌려 말해서는 결론이 나지 않겠다는 것을 깨달았다. 어쩔 수 없이 대나무에 관한 자신의 생각을 밝혔다. 양직이 고지식하긴 해도 꽉 막힌 사람이 아닌

건 분명하니 차근차근 설명하면 그의 난처한 입장을 납득하리라 굳게 믿으면서. 이야기를 다 들은 양직은 어떻게 반응했던가?

"싫습니다. 대나무 언덕 아니면 다 싫습니다. 앉으나 서나, 자나 깨나, 사나 죽으나, 내가 바라는 건 대나무 언덕뿐이니."

겸양과 예절을 내내 걸쳤던 그도 그 대목에 이르러서는 더 참지 못하고 발끈했다. 그는 속으로 양직의 촌스러움을 비웃었다. 촌스러움에 대한 조소를 마음속에 간직한 채 대나무 언덕에 대한 글은 목에 칼이 들어와도 쓰지 못하겠다고 힘주어 대답했다. 갑자기 결사 항전의 황산벌 같은 살벌한 분위기가 조성되었다. 양직은 그에게 술을 따라 주며 글의 내용이 마음에 드니 안 드니 하고 까다롭게 굴지 않을 테니 그냥 딱 한 편만 써 달라고 부탁했다. 그는 주는 술은 맛있게 마시고 글 요구엔 묵묵부답으로 응대했다.

술만 받아먹는 몰염치한 묵묵부답이 계속되자 양직은 그를 만난 이후 처음으로 흐트러진 모습을 보였다. 갑자기 벌컥 화를 내면서 눈썹을 곤두세우더니 그를 때릴 듯 손을 쭉 뻗은 것이다. 그때 그는 무슨 생각을 했나?

'아닌 게 아니라 대나무를 닮긴 했군. 눈썹은 댓잎 같고, 손가락은 대나무 마디 같으니.'

9

이야기를 마친 선생은 하품을 하고, 기지개를 켰다.(침대는 방
귀를 뀌었고.) 눈을 감지는 않았다. 그 대신 허허 웃었다. 나는 의
자를 살짝 뒤로 뺐다. 선생은 자신의 민트 향이 일으킨 참담한 결
과를 모르는 게 분명했다. 민트 향은 냄새를 없애기는커녕 더 두드
러지게 만들었다. 시체에서 풍기는 듯하던 선생의 냄새는 민트 향
때문에 산 것도 죽은 것도 아닌 강시의 경지에 이르렀다.

"오늘은 내 눈을 몇 번인가 마주 보더구나. 경계가 좀 풀린 건
가?"

착각은 자유였다. 나는 입도 벙긋하지 않았다. 선생이 개의치 않
고 물었다.

"혹 궁금한 건 없고?"

나는 아무 말도 하지 않았다. 선생은 고개를 서너 번 끄덕인 후 머리를 긁적였다. 날리는 비듬. 누군가 물었다면 열흘 넘게 머리를 감지 않았다는 데 기꺼이 한 표를 던졌을 것이다.

"그렇다면 내가 준비한 이야기를 조금 더 할까? 그러니까 방금 들려준 이야기를 제대로 씹기 위한 배경지식 말이야. 가장 중요한 것부터. 지난번 이야기와 이번 이야기의 차이점이 뭔지 아니?"

나는 묵묵부답했다. 선생은 잠깐 기다렸다 자문자답했다.

"무대가 달라, 무대가. 연암협과 개성, 삼십 리 떨어진 곳이지. 단순히 거리의 문제만은 아니야. 연암협은 무인지경이자 적막강산이지만, 개성은 고려의 수도였다는 이유로 조선 시대에 천대를 받기는 했어도 인근에서 가장 번화한 도시인 건 분명했어. 그러니까 달라도 많이 다르지. 무엇보다도 중요한 건 연암협에 강제로 틀어박혔던 박지원이 왜 개성의 별장에 떡하니 머무르고 있느냐 하는 거야."

선생은 또다시 유언호라는 이름을 언급했다. 친구이자 박지원을 지키려는 사람 유언호 말이다.(선생 때문에 유언호를 생각하면 호위 무사가 자연스럽게 함께 떠오른다. 그러나 나중에 책을 읽고 보니 유언호는 무사가 아닌 선비였다.) 진실한 친구 유언호는 연암협에 강제로 틀어박힌 박지원을 나 몰라라 하지 않았다. 무슨 수단을 썼는지는 모르겠지만 유언호는 있는 재주 없는 재주를 다 부려 개성 유수°로 부임했고, 도착하자마자 시중드는 이들 다 떼어 놓고 홀로 연암협의 '유배객' 박지원을 찾아가 '흰 돌'을 들먹였다.

"돌멩이, 돌멩이가 문제였어. 예전에 안치환이 노래하기도 했지. 물론 그 돌멩이와 의미는 좀 다르지만……. 아무튼 유언호는 박지원에게 흰 돌을 삶아 먹고 살 수는 없지 않겠느냐고 했어. 옛날에 신선들은 흰 돌을 삶아 먹고 살았다는 이야기가 있지. 그러나 유언호가 신선 같은 삶을 찬양하려고 한 말은 아니야. 적막강산과 무인지경이 좋기는 해도 내내 그렇게 혼자 틀어박혀 살 수는 없다는 뜻이었겠지. 그리고 유언호는 박지원더러 개성의 집들을 알아보라는 말을 쓱 던졌어. 친구인 박지원이 자기 가까이에 있다는 사실만으로도 무척 기쁠 거라면서 말이야."

선생은 유언호의 말을 액면 그대로 믿어서는 안 된다고 했다. 유언호가 다녀간 지 얼마 되지 않아 양직이 연암협으로 와 박지원을 만난 것으로 '기록'에 나와 있다 했다. 기록에 의하면 양직은 박지원을 처음 봤으면서도 오래전부터 알고 지내던 이를 오랜만에 만난 양 반갑게 인사한 후 곧바로 자기 별장에 머무는 게 어떻겠느냐고 제안했다. 하지만 선생은 그 몇 줄 뒤에 별장의 물품들을 준비해 놓은 이가 유언호라 되어 있으니 양직과 유언호가 사전에 입을 맞췄음이 틀림없다고 했다.

"이때의 유언호는 말과 행동이 다른 자였어. 나쁜 의미가 아닌

● 유수(留守) 조선 시대에 서울 이외의 중요한 지역을 다스리던 정이품의 벼슬.

좋은 의미로. 실은 자기가 미리 손을 써 놓았으면서도 친구한테 생색내는 게 싫었던 거지. 미노야…… 너에게도 그런 친구가 있니?"

선생의 이야기는 좀 지루했고 질문은 터무니없었다. 안치환은 누구고 돌멩이 노래는 뭐고 친구 운운하는 마지막 말은 뭔가? 한마디로 모든 게 비논리적이었다. 이런 식으로 자기소개서를 썼으면 논리 부문에서 빵점을 받았을 것이다. 나는 아무 말도 하지 않았다. 입을 여는 대신 일어나서 창가로 갔다.

"말과 행동이 다른 건 그뿐이 아니었지. 연암협에 머물러라 한 것도 유언호고, 개성으로 나오라고 한 것도 유언호야. 너도 짐작하겠지만 유언호 정도 되는 사람이 이유도 없이 그냥 그랬을까? 무언가 생각이 있었을 거야."

선생은 내가 듣건 말건 이야기를 이어 갔다. 선생은 박지원이 개성으로 거처를 옮기고 얼마 지나지 않아 유언호가 어떤 행동을 취했다고 했다. 서울로 올라가 그 당시 실세 중 실세이자 박지원을 죽이지 못해 안달복달하던 정적 홍국영을 만난 것이다. 정계를 쥐락펴락하던 홍국영을 만난 유언호는 박지원의 영락한 모습부터 알렸다. 꼿꼿하기로 소문났던 박지원이 부잣집에 눌러앉아 '먹고 살기 위해' 아이들이나 가르치고 있다고 말이다.

"그 말을 들은 홍국영은 고개를 끄덕였대. 그 정도면 양반으로서 갈 데까지 간 셈이니 괴롭히고 말고 할 것도 없다고 했다지. 이로써 박지원의 위험은 제거되었어. 모든 게 유언호가 예상한 대로 돌아간 셈이기도 하고. 그리고 보면 유언호는 참 좋은 친구야. 지금 같은 세상에는 드물어진 좋은 친구."

자꾸 '친구'를 들먹이는 선생의 표현이 마음에 들지 않았다. 느려 빠진 견제구로 어떻게든 1루 주자를 잡으려는 수가 빤히 보였다. 하지만 나는 아무 말도 하지 않았고 거리에서 눈을 떼지도 않았다. 선생 같은 이는 이미 여럿 보았다. 결국엔 제풀에 나가떨어질 것이다. 바가지(선생의 경우엔 크로스백) 하나 챙겨 들곤 다른 고지를 찾아 터덜터덜 걸음을 옮길 것이다.

"양직, 즉 양호맹은 개성 사람이야. 조선 시대에 개성 사람이란 버려진 것이나 마찬가지였어. 조선은 고려의 왕도였던 개성 출신 사람들을 눈에 띄게 차별했거든. 그런 게 성리학 정신인지 난 잘 모르겠다만. 양직도 차별을 당했어. 부자에 학식도 풍부했지만 관리가 되지는 못했지. 그런 양직의 마음을 잘 헤아리면 왜 대나무에 집착했는지 짐작이 갈 거다. 양직(養直)을 자로 쓴 것도 재미있지. 기를 양, 곧을 직. 곧음을 기른다는 뜻이야. 곡학아세°가 판치는 더러운 세상에서 그게 가능했는지는 잘 모르겠지만."

거리는 여느 때와 다름없이 조용했다. 건물들은 멀쩡했고, 차들은 달렸고, 사람들은 핸드폰을 보며 걸었다. 개 한 마리도 고개를 들어 나를 보지 않았다. 가슴속에서 목소리가 들렸다. 이성우, 학교 가자, 하는. 제기랄. 왜 지금인가? 가슴속 소리를 지우는 데 무

● 곡학아세(曲學阿世) 바른 길에서 벗어난 학문으로 세상 사람에게 아첨함.

언가가 속에서 확 터져 나왔다. 또다시 제기랄.

선생의 수작을 더 참고 봐줄 수가 없었다. 선생은 지나치게 노골적이었다. 공을 쥔 어깨엔 잔뜩 힘이 들어갔고 입으로는 거친 숨을 뿜어냈다. 1루 주자의 관찰력과 자신의 느린 공은 생각하지 않고 목적에만 집중했다. 거리에서 눈을 떼지 않은 채 선생에게 질문을 던졌다.

"아버지가 좋은 친구예요?"

"어? 그건……."

선생이 대답하기도 전에 또 다른 질문을 던졌다.

"아버지가 어떤 인간인지 알기나 해요?"

나는 선생의 대답은 듣지도 않고 걸음을 옮겨 문부터 열었다. 무언가를 말하려던 선생은 내 결연한 모습을 보고는 마음을 바꿨다. 선생은 "알았으니 내일 보자."라고 한 뒤 밖으로 나갔다.

선생이 나간 후 나는 걸레를 집어 들었다. 침대를 박박 문지르고 책상을 닦고 바닥을 훔쳤다. 좁은 방이라 그리 오래 걸리지 않았다. 다만 문지르고 닦고 훔쳐도 지독한 민트 향은 사라지지 않았다.

10

그날 밤도 나는 외출을 했다.(축하받을 일은 아니지만 사흘 연속 외출은 신기록이었다.) 좀 특별한 외출이었다는 표현을 쓰고 싶다. 시간도 경로도 여느 때와는 달랐기 때문이다. 십 분 정도 걸어서 비석 무덤에 도착한 것까지는 동일했다. 나는 비석 무덤에서 시간을 보내는 대신 조금 더 걸어 고층 아파트 단지 옆길로 들어갔다. 길 끝엔 중학교와 고등학교가 있다. 늦은 시간까지 오가는 학생들이 많은 탓에 외출 경로로 고려조차 하지 않았던 길이었다.

나는 모자를 눌러쓰고 주위를 살피며 걸었다. 내 기억이 그르지 않다면 마트에서 10미터 정도 지나서 서점이 있을 터였다. 가게의 절반은 문구가 차지하고 있고, 진열된 책의 절반은 참고서와 문제

집이기는 해도, 그러니까 보통 책들을 위한 공간은 가게 전체의 4분의 1에 지나지 않아도 서점은 서점이었다.(그것도 동네에서 유일한 서점이었다.)

기억은 그르지 않았다. 근 이 년 만에 와 봤지만(서점에서 책을 산 건 그보다 훨씬 오래전이지만) 서점은 여전히 제자리를 지키고 있었다. 삼파장 등으로 무장한 서점 안은 낮처럼 환했고, 중학교 교복을 입은 남학생들 서너 명이 있었다. 책을 본다기보다는 진열대 앞에 모여서 자기들끼리 떠드는 중이었다. 가방으로 머리와 등을 때리는 등의 유치한 행동으로 미루어 몸집은 커도 아직 어린 애들이었다. 아마도 1학년 혹은 2학년일 것이다. 저 아이들이 날 알아볼 리는 없다. 내가 학교에 다녔을 때 저 아이들은 초등학생이었을 테니.

할 일은 물고기 밥 주는 일만큼 간단했다. 심호흡 크게 한 번 한 후 문을 열고 안으로 들어가 주인 앞에 서기만 하면 되었다. 주인에게 물어볼 말은 오는 길에 이미 생각해 두었다. '박지원에 관한 책이 있나요?' 하는 짧고 간단한 문장. 한국어를 배운 지 얼마 되지 않은 외국인이라도 서너 번만 반복하면 어렵지 않게 따라 할 수 있는 문장. 하지만 날 때부터 한국인이었던 나는 그 문장을 입 밖에 내지 못했다. 물어보는 건 고사하고 서점 문에 손을 대지도 못했다. 보도 끝에서 오 분 정도 서점을 바라보다가 문 가까이 다가가기는 했다. 하지만 우연히 마주친 주인의 시선에 흠칫 놀라 재빨리 돌아섰다.

고층 아파트 단지 옆길을 빠져나온 나는 비석 무덤 쪽으로 향했다. 비석 무덤에 도착해서는 곧바로 느티나무에 기대앉았다. 허리가 굵직한 늙은 느티나무에선 오줌 냄새가 났다. 바람이 불었다. 느티나무 가지가 흔들리고 잎이 '와르르' 소리를 내며 떨어졌다. 바람에 날린 잎들은 비석 위에도 떨어졌다. 비석들은 몸을 살짝 흔들어 나뭇잎을 바닥에 떨어뜨렸다. 바람, 나뭇잎, 비석이 만들어내는 그 광경은 아무리 오래 봐도 싫증이 나지 않았다. 얼마나 그 광경을 지켜보았는지 정확히 말하기란 힘들다. 내겐 시계가 없었다. 그때껏 최장 시간이었던 삼십 분을 넘긴 것만은 분명했다. 내가 몸을 일으켜 다시 거리로 나왔을 땐 오가는 이가 평소의 절반도 되지 않았으므로.

비석 무덤에서 마음을 다스린 나는 원래의 경로로 들어섰다. 거리 끝까지 가서 건너편 2층 벽돌집을 힐끗 보고——전날의 민트 향은 사라졌다. 인적도 소리도 없었다——집으로 돌아왔다는 뜻이다. 물론 고시원 건물도 지나치긴 했다. 고시원 1층 편의점도 지나쳤지만 컵라면을 먹는 사람은 없었다. 아니, 편의점에 손님이라곤 없었다. 아르바이트하는 단발머리 여학생만이 멍한 눈으로 거리를 내다볼 뿐이었다. 나는 고개를 숙이고 빠르게 걸었다. 집 앞에 이르러서야 뒤돌아서서는 내가 온 길을 보았다. 당연히 편의점은 보이지 않았다. 하지만 여학생의 멍한 눈은 좀처럼 머릿속에서 사라지지 않았다. 나는 몇 년이 지난 후 에드워드 호퍼˙의 그림들을 보고서야 비로소 그 이유를 알았다.

● 에드워드 호퍼(Edward Hopper) 미국의 사실주의 화가. 20세기 미국인의 삶을 무심한 표정으로 포착해 표현했다.

11

금학동 별장에서 유언호를 만난 이야기[5]

양직과 이야기를 나누는 중에 유언호가 찾아왔다. 개성 유수인 유언호가 기별도 없이 금학동 별장으로 온 것이다. 반가웠다. 사흘 사이에 두 번이나 보는 셈이었다. 무슨 뜻인가? 말 그대로 이틀 전에도 유언호를 보았다는 뜻이다. 그 만남에 대해선 다소간 설명이 필요하다. 그 만남이란 게, 좀 특별했다.

저물녘에 별장으로 돌아가던 그는 군사 훈련 후 성으로 돌아오는 개성 유수 행렬과 딱 마주쳤다. 수백, 수천 개의 횃불이 사방팔방을 밝혔다. 빨갛고, 파랗고, 노란 깃발들이 바람에 펄럭였다. 횃불과 바람을 벗 삼아 깃발 속의 용이 날아오르고 호랑이가 이빨을 드러냈다. 길을 걷던 이들이 황급히 좌우로 물러나 엎드렸다. 말을 탄 이들은 말에서 내려 엎드렸다. 그도 사람들 틈에 끼어 엎드렸다. 잠깐 있다 그는 생각을 바꿔 몸을 일으키고는 꼿꼿이 그 자리에 서서 "사경!" 하고 외쳤다. 사람들이 놀라서 그를 보았다.

놀란 이유는 사람에 따라 다르겠지만 크게 나누면 두 가지였다. (별 볼 일 없는 이들이라면) 그가 갑자기 일어났기 때문에 놀랐고, (뭔가 좀 아는 이들이라면) 그가 입에 담은 '사경'이 다름 아닌 개성 유수 유언호의 자이기 때문에 놀랐다.

그는 무심한 얼굴로 다시 한 번 "사경!" 하고 소리를 질렀다. 주위가 소란스러워졌고 행렬이 멈추었다. 병졸이 그에게 다가와 고개를 숙였다. 그는 병졸을 따라 초헌˚ 앞으로 갔다. 유언호가 초헌에서 내려 그의 손을 잡았다. 유언호는 크게 웃으며 "또 하나의 내가 길가에서 나를 유심히 관찰하고 있었군." 하고, 듣기에 따라선 꽤 의미심장한 문장을 내뱉었다. 그는 씩 웃었다. 유언호는 별장으로 찾아가겠다고 말한 뒤 다시 초헌에 올랐다.

반가운 손님을 위해 그는 하인에게 새로 술을 내오라고 일렀다. 술 한 잔을 빠르게 비운 유언호는 그즈음 행해지던 군사 훈련에 관한 이야기를 잠깐 했다. 그는 군사 전문가는 아니었지만 적당히 고개를 끄덕였고, 필요한 곳에선 자신의 의견을 개진해 가며 친구

˚ 초헌(軺軒) 조선 시대에 종이품 이상의 벼슬아치가 타던 수레.

의 말에 장단을 맞췄다. 유언호는 그에게 새로 지은 글을 보여 달라고 했고, 그의 글을 본 뒤에는 자기의 글을 내밀며 평을 요구했다. 잠시 농담과 독설이 오갔다. 그러나 이러니저러니 하는 평가는 사실 중요하지 않았다. 그랬기에 어느 순간 동시에 말을 멈춘 두 사람의 얼굴에 웃음만 떠올라 있었던 것이리라. 그가 말했다.

"금강산 마하연에서 묵던 때가 생각나네. 비구승 준(俊)이 없을 뿐이지 그날의 정취와 참으로 비슷하군. 아니, 어쩌면 금강산에서 돌아온 뒤 서울에서 가졌던 모임과 더 비슷할지도 모르겠네. 자네와 나, 둘 다 머리가 허옇게 변해 버린 것만 빼면 말일세."

금강산을 유람하던 시절 그의 나이는 스물아홉이었다. 유언호보다 일곱 살이나 적었는데도 당시 그의 귀밑엔 흰머리가 드문드문 자리를 잡고 있었다. 몇 가락 되지 않는 흰머리를 보곤 그럴싸한 시 재료를 얻었다고 어깨에 잔뜩 힘을 주었던 기억이 떠올랐다. 그로부터 십여 년이 흘렀다. 흰머리는 늘고 또 늘어 시 재료로 감당하기 힘들 정도였으나 수염까지 허옇게 센 유언호에게 비할 바는 아니었다. 유언호가 웃으며 말했다.

"그렇게 보지 말게. 스스로 보기에도 겸연쩍다네."

유언호는 자리에서 일어나 밖으로 나갔다. 달이 둥글었다. 유언호는 이제 그만 돌아가야 한다고 말하며 아쉬워했다. 그는 유언호를 전송하며 제안했다.

"내일은 보름이니 달이 더 밝겠지. 남쪽 문루에서 달구경이나 할 터이니 자네도 와 주겠는가?"

유언호는 고개를 끄덕이곤 그의 어깨에 손을 얹었다. 따뜻했다. 개성 유수가 아닌 오랜 친구의 따뜻한 체온이 느껴졌다.

유언호가 돌아간 뒤 양직이 말했다.

"부탁이 하나 있소이다."

"또 대나무 언덕 타령이라면 난 사절하니 아예 꺼내지도 마오."

"아니요. 그렇다고 대나무 언덕에 대한 글을 포기했다는 뜻은 아니지만, 아무튼 좀 다른 부탁입니다."

"그렇다면 말해 보오. 글 써 달라는 것만 아니라면 뭐든 들어줄 테니."

"제 일가친척인 양현교를 좀 만나 보십시오."

개성 유수의 친구인 그를 만나고 싶어 하는 사람은 여름날 하루살이보다도 많았다. 양현교 또한 그중 한 명일 터. 속된 인간들. 양직에 대한 가벼운 회의가 들었다. 그래도 그는 조만간 만나 보겠다고 답했다. 양직이 돌아간 후 홀로 길에 서서 달을 보았다. 아닌 게 아니라 달은, 밝기도 참 밝았다.

12

이야기를 마친 선생은 하품을 했고 기지개를 켰다. 눈을 감지는 않았다. 그 대신 허허 웃으며 물었다.

"궁금한 건 없고?"

선생은 뻔뻔했다. 그 바람에 하마터면 입을 열 뻔했다. 내게 질문하기 전에 어제의 질문에 대한 답부터 하는 것이 순서 아니냐고 목소리 높여 따질 뻔했다. 그러나 나는 제어할 줄 아는 사람이었다. 분노를 삭일 줄 아는 사람이었다.(그 시절에는 누구도 내가 그런 사람이라는 사실을 몰랐을 것이다.) 나는 다른 이들에게 바라는 게 하나도 없었다. 그래서 나는 아무 질문도 하지 않았다. 이제는 내 묵묵부답에 어느 정도 익숙해진 선생이 마치 내 대답을 들기라도 한 것처럼 자연스럽게 고개를 끄덕이고는 미리 준비했을 설명을 이어 갔다.

"평범한 이야기지. 잘난 친구와 그렇지 못한 친구가 만나 추억에 잠기는. 금강산 운운하는 부분만 빼면 이해하기 어려운 점은 별로 없어."

선생은 1765년을 언급했다. 그해 가을 유언호는 신광온이라는 사람과 함께 금강산 여행을 떠나는 도중에 박지원의 집에 들러서 함께 가자고 권유했다. 박지원은 거절했다. 부모가 계시기 때문에 멀리 놀러 갈 수 없다는 게 이유였다. 그러나 그건 표면적인 이유일 뿐, 진짜 거절한 까닭은 따로 있었다.

"뭐 굉장한 이유는 아냐. 겉으로 뭐라 변명했건 간에 진짜 문제는 돈인 경우가 대부분이니깐."

그러나 돈은 없어도 친구는 많던 이가 바로 박지원이었다. 박지원의 상황을 전해 들은 친구 김이중이 돈 백 냥을 선뜻 내놓았다. 김이중의 호의 덕분에 박지원은 나귀를 사고 하인을 구해 금강산에 다녀왔다. 어렵게 간 여행이니 금강산의 여러 명승지를 하나 빼놓지 않고 두루 구경했다. 다음을 기약할 수 없는 여행이었기에 즐길 수 있는 건 모조리 즐겼다. 마하연에서는 선승인 준을 만났고, 만폭동에서는 바위에 이름을 새겼고, 총석정에서는 일출을 보며 시를 지었고, 사선정에 도착해서 현판에 시를 새겨 걸어 놓은 후 돌아왔다. 마지막으로 서울에서는 거나한 뒤풀이 모임까지 가졌다.

"다시 말하지만 유언호는 참 좋은 친구지? 고위 관리가 되고 나서도 예전 친구를 챙기기란 말처럼 쉽지 않은 법인데 말이야."

나와는 하나 관계없는 이야기였다. 선생은 전날의 일을 잊은 게 분명했다. 대개의 어른들처럼 말할 줄만 알고 들을 줄은 모르는 사람임에 분명했다. 나는 일어나서 창가로 갔다.

"네 아버지랑 좋은 친구 사이냐고 물었지?"

선생은 생각지도 못한 시점에서 뒤통수를 냅다 갈겼다. 나도 모르게 선생을 돌아보고 말았다. 제기랄. 나는 재빨리 고개를 돌려 밖을 보는 척했다. 그러나 속으로는 내가 저지른 실수를 곱씹으며 입술을 깨물었다.

"솔직히 말하면 얼마 전까지…… 나는 네 아버지가 나와 동기 동창인지도 몰랐어. 대학 시절의 내게 동기 동창들이란 별 의미가 없었거든."

선생은 자신이 소설가였다고 했다. 대학교 1학년 때 신춘문예로 등단해 몇 년 전까지 줄곧 소설을 쓰며 살았다고 했다. 등단한 지 일 년도 안 되어 낸 책이 큰 성공을 거두었다고 했다. 일찌감치 돈과 명예를 얻었기에 학과 공부엔 별 관심이 없었으며, 그러다 보니 동기 동창들과의 친분은 아예 없는 셈이었다고 했다.

"이래 봬도 한때는 꽤 잘나갔다. 십만 부 이상 팔린 책도 여럿 되니까. 말이 십만 부지, 그 정도면 정말 대단한 거야. 잠실 야구장이 꽉 차도 삼만 명이 채 안 되거든. 내 말이 믿기지 않으면 서점에 가서 한번 확인해 봐라. 아무리 작은 서점이라도 내 책 한두 권은 있을 테니. 기사를 검색하면 더 빠르겠지만 미노 너는 컴퓨터와 핸드폰은 아예 쓰지를 않으니…… 그냥 서점에 가 봐. 가끔 산책은 한다면서?"

거리는 여느 때와 다름없이 조용했다. 건물들은 멀쩡했고, 차들은 달렸고, 사람들은 핸드폰을 보며 걸었다. 개 한 마리도 고개를 들어 나를 보지 않았다. 나는 좀 짜증이 났다. 선생의 대답은 초점에서 벗어났다. 내 질문은 어쩌다 '아버지 같은 인간'하고 어울리게 되었느냐는 것이었다. 아버지가 어떤 종류의 인간인지, 그 실체를 알기나 하고서 만나느냐 하는 뜻이었다.

선생의 대답은 내 물음에 대한 답이라기보다 자신의 찬란했던 과거에 대한 통속적인 회고에 가까웠다. 아버지와의 관계를 살짝 언급하긴 했지만 선생이 아버지를 어떻게 생각하는지는 알 수 없었다. 선생의 과거 따위는 하나도 궁금하지 않았다. 잘나가는 소설가였건, 인기인이었건, 졸부였건, 흉악한 범죄자였건 간에 나와는 관계없는 일이었다. 자신에 대한 동정심 내지 궁금증을 불러일으키려는 의도였다면 그건 이미 실패했다. 게다가 양념처럼 끼워 넣은 내 이야기라니. 나에 대해 잘 안다고 은근히 뻐겨 대는 꼴이라니. 이야기 선생이라는 이름만 그럴듯했지 선생도 결국은 다른 이들과 똑같았다.

조만간 선생은 고지를 정복하려는 야심을 드러낼 것이다. 그리고 싫증 나면 허겁지겁 다른 고지로 옮겨 갈 것이다. 박지원에 관한 책을 사서 읽어 볼 생각을 했던 내가 한심스러웠다. 그런 허접한 이유 때문에 이 년 만에 서점 문을 열려고 마음먹었던 게 후회되었다. 나는 성큼성큼 걸어 방문을 활짝 열었다. 나가라는 뜻이었다. 선생은 허허 웃으며 말했다.

"그래도 우리 사이가 발전한 건 틀림없지? 앞으로도 궁금한 건 뭐든 물어보렴."

나는 아무 말도 하지 않았다. 선생은 밖으로 나가려다 말고 다시 몸을 돌렸다.

"네 아버지는 좋은 사람이야. 다른 건 잘 몰라도 그거 하나는 확실하다."

선생이 나간 후 나는 걸레를 집어 들었다. 침대를 박박 문지르고 책상을 닦고 바닥을 훔쳤다. 그러다 갑자기 화가 치솟았다. 자기 주제도 모르는 인간. 발전 좋아하네. 똥자루. 냄새 팍팍 풍기는 가죽 주머니. 개자식. 루저. 문을 향해 걸레를 집어 던지고는 으억으억 소리를 질렀다. 문을 걷어차고 주먹질을 해 댔다. 물리는 심리보다 강했다. 분노한 주먹은 냉정한 침묵으로 버틴 문을 이겨 내지 못했다. 손등에서 피가 흘렀다. 제기랄. 혹 그때 창밖을 보았다면 거리는 어떤 모습이었을까? 어리석은 질문이다. 거리는 여느 때와 다름없이 조용했을 테니까. 건물들은 멀쩡할 것이고, 차들은 달릴 것이고, 사람들은 핸드폰을 보며 걸을 것이다. 개 한 마리도 고개를 들어 나를 보지 않을 것이다. 저 스스로 집 안에 틀어박힌 자가 화를 참지 못해서 괴상한 소리를 지르고, 혼자서 문과 싸우고 혼자서 피 흘리고 혼자서 미쳐 날뛴들, 세상은 변함없이 유유히 공장의 미싱처럼 잘도 돌아갈 것이다.

13

머리 기른 중이 사는 암자 이야기[6]

그가 금강산을 유람하던 시절의 이야기 하나. 만폭동 골짜기에
들어선 그는 입을 쩍 벌렸다. 풍경에 감탄해서 그랬느냐고? 아니
다. 의외의 복작거림에 놀란 탓이었다. 사람이 그리 많았냐고? 그
렇진 않았다. 그의 일행을 제외하면 나이 지긋한 어르신 예닐곱 명
과 수행하는 이들이 전부였으니. 그럼에도 만폭동은 수백, 수천 명
이 복작거리는 소문난 장터 같았고, 어찌 보면 무덤이 빽빽하게 자
리한 공동묘지 같기도 했다. 그는 왜 금강산에서도 명소 중의 명소
인 만폭동에 도착한 흥분된 순간에 하필 장터와 공동묘지를 떠올
렸나?

이름 때문이다. 사람들이 바위에 새겨 놓은 이름 때문이다. 옛사

람과 요즘 사람들이 경쟁하듯 새겨 놓은 이름 때문에 시야에 들어오는 바위란 바위는 모조리 조상에 대한 모호한 정보로 가득한 족보나 다름없었다. 옛사람이 새긴 이름은 세월을 속일 수 없어 이끼에 덮였고, 요즘 사람이 새긴 이름은 붉은 글씨가 요란하게 빛을 발했다. 물론 붉은빛은 머지않아 사라질 터이다. 모든 건 시간문제일 터이다.

복작거리긴 해도 이름들 또한 경치의 일부라 여기며 둘러보기로 마음을 먹었는데 '김홍연(金弘淵)'이라는 이름 석 자가 유독 눈에 들어왔다. 그 이름은 깨진 얼음의 단면처럼 날카로운 절벽 끝 바위에 떡하니 새겨져 있었다. 천 길 벼랑이라 새조차도 쉬어 가길 꺼릴 만한 곳이었다. 그는 속으로 중얼거렸다.

'저건 또 뭔가? 제아무리 엄청난 위세를 부리는 이라도 석공의 목숨을 담보로 잡고 제 이름을 새길 수는 없는 법이다. 저자는 도대체 누구기에 석공을 협박해 저런 위험천만한 일을 벌였을까?'

유언호와 신광온은 고상한 이들이었지만 이름을 새기고 싶은 욕구를 누르지는 못했다. 유언호가 아까부터 눈치를 주던 석공을 불러 이름을 새겨 달라 했다. 신광온도 고개를 끄덕였다. 고객을 낚는 데 성공한 석공은 '적당히' 높은 위치에 유언호와 신광온의 이름을 새겼다. 석공이 자신을 내려다보자 그는 이렇게 말했다.

"내 이름은 훨씬 높은 곳에 새겨 주오."

"쯧쯧, 명예를 탐하긴."

유언호와 신광온이 괜한 욕심을 부린다며 놀려 댔지만 그는 꿈쩍도 하지 않았다. 석공은 낑낑대며 바위를 기어 올라가면서 여러차례 그를 돌아보았다. 그는 그때마다 고개를 저었다. 석공은 힘겹게 몇 걸음 더 옮긴 후 딱 멈추어선 손을 내저었다. 더 이상은 어렵다는 뜻이었다. 그는 얼굴을 살짝 찡그렸다. 김홍연의 이름이 새겨진 바위엔 못 미쳐도 한참 못 미쳤다. 그러나 석공이 멈춘 곳 또한 그로서는 도저히 오를 수 없는 높이였다. 아쉬웠지만 석공의 노고를 생각해, 그리고 제법 많은 이름들이 아래에 있음을 고려해 고개를 끄덕였다. 유언호와 신광온의 이름보다는 서너 자 위에 자리한 것도 고개를 끄덕인 이유였다.

그 후 몇 년 동안 그는 나라의 명산들을 두루 돌아다녔다. 남들이 쉽게 도달하지 못하는 깊고 외딴 곳에 올라 경관을 감상하는 걸 크나큰 낙으로 삼았다. 그러나 그 즐거움은 매번 마지막 순간에 찬물을 맞았다. '여기까지 오른 이는 아무도 없겠지.' 하고 뿌듯한 마음으로 주위를 둘러보면 멧돼지라도 오를 수 없을 것 같은 바위에 새겨진 '김홍연' 이름 석 자가 비웃듯이 그를 내려다보았기 때문이다. 처음 한두 번은 끙 소리를 내고 말았지만 같은 일이 자꾸 반복되자 마침내 화를 내며 욕을 퍼부었다.

"김홍연이 도대체 어떤 놈이기에 남의 성질을 긁어 대는가?"

그때는 몰랐다. 머지않아 김홍연 이름 석 자를 보고 진심으로 고

마워하는 날이 올 줄은 까맣게 몰랐다.

그날의 산행은 유독 어려웠다. 전보다 험하고 높은 곳을 추구한 까닭이다. 그 때문에 바위는 다른 곳과 비교할 수 없을 정도로 가팔랐고, 낭떠러지 아래는 바닥이 보이지 않을 정도로 깊었다. 길이 있기는 했으나 워낙 좁아 잘못 내디뎠다간 곧장 밑으로 떨어질 판이라서 길이라고 말하기도 어려웠다. 바위에 드리워진 사다리를 오르다 헛디디는 바람에 식겁하기도 했다. 그것으로도 끝이 아니었다. 넝쿨처럼 보이는 부실한 줄에 매달려 건너가야만 하는 길이 나타났다. 줄 아래로는 허공이었다. 험한 길을 기어 올라오다시피 했으니 돌아갈 수도 없었다. 진퇴양난의 상황 속에서 그는 참담함을 맛보았다. 지옥 입구까지 제 발로 올라온 자신이 한심해서 한숨만 푹푹 내쉬는데 저 멀리로 붉은 글씨가 보였다. '김홍연'이었다. 그 이름 석 자가 반갑기는 처음이었다. 오랜 친구가 웃으면서 맞아주는 느낌이었다. 기운을 얻은 그는 줄을 잡고 앞으로 나아가 마침내 험한 길을 벗어났다.

살아서 산에서 내려온 그는 김홍연의 정체가 더더욱 궁금해져서 여기저기 수소문했다. 결실이 있었다. 한때 김홍연과 가깝게 지냈다는 자가 나타나 생생한 정보를 들려줬다. 정보 제공자에 따르면 김홍연은 왈짜였다. 왈짜란 검객이나 협객 같은 부류를 말한다. 놀기를 좋아하고, 세상일은 나 몰라라 하는 거친 이들이다. 김홍연은 일찍이 무과에 급제했지만 벼슬자리에 연연하지 않았다. 다행히 집은 꽤 부유한 편이어서 김홍연은 골동품 수집 같은 고상한 취미를 즐기는 한편, 고상함만으론 살 수 없기에 음주 가무에도 온 힘을 쏟았다. 그렇게 잘 놀던 김홍연이 늙어서 머리가 센 지금은 끌과 정을 가지고 명산을 돌아다닌다는 설명이었다. 자기가 직접 바위에 이름 석 자를 새겨 세상에 자기 같은 사람이 살다 갔음을 널리 알리려 한다는 것이었다. 그는 정보 제공자와의 문답을 통해 김홍연의 자가 대심이며, 호가 발승암(髮僧菴)이라는 사실까지 알아냈다. 그런데 발승암이라는 호는 지금까지 그가 들었던 이야기를 죄다 의심스럽게 만들었다. 발승암은 '머리 기른 중이 사는 암자'라는 뜻이다. 세상에 머리 기른 중이 과연 있던가? 그래서 그는 정보 제공자를 다그쳤다.

"예끼, 이 사람아. 발승암이라는 사람이 세상에 어디 있소?"

정보 제공자는 발끈했다.

"그럼 내가 꾸며 내기라도 했단 말이오? 김홍연은 정말로 존재하는 사람이오."

그는 웃으며 슬쩍 발을 뺐다.

"그런 뜻으로 한 말은 아니오. 역사책에 이름이 전하는 이들도 오랜 세월이 지나면 그런 사람이 진짜 있기는 있었나 하고 후대의 의심을 받기 마련이지 않소? 김홍연도 그러하오. 제아무리 험한 바위에 이름을 새긴들 그 이름이 과연 자연의 방해와 시간의 장벽을 넘어서 영원히 존재하겠느냐는 말이오."

그 말에 정보 제공자는 "거기까지는 내 모르겠소."라고 하고는
껄껄 웃었다. 신기한 건 그날 이후로 김홍연에 대한 그의 관심이
점차 사그라들었다는 점이다.

그가 별다른 목적도 없이 양직의 별장을 나서서 개성 거리 구석
구석을 헤집고 다니던 어느 날, 그는 깜짝 놀라 걸음을 멈추었다.
자기 옆에서 걸어가던 이들이 앞에 가는 남자를 손가락으로 가리
키며 "저자가 바로 김홍연이라니까." 하고 말하는 걸 들었기 때문
이다. 그는 앞에 가는 이를 보았다. 살짝 허리가 굽은 백발노인이
었다. 날렵한 무인을 상상했던 기대와 달라 적이 실망했다. 그래도
그는 큰 소리로 호기롭게 외쳤다.

"발승암 아닌가?"

김홍연은 걸음을 멈추고는 고개를 돌렸다. 그는 깜짝 놀랐다. 김
홍연은 허리 굽은 백발노인만이 아니었다. 김홍연은 애꾸이기도
했다.

"저를 아십니까?"

"내 그대를 오래전 만폭동에서 처음 만났소."

김홍연은 고개를 갸웃했다. 그는 설명 대신 웃으며 물었다.

"옛날에 수집했던 골동품들은 여태 갖고 있소?"

김홍연은 고개를 저었다.

"그야말로 옛날이야기요. 다 팔아 버렸으니깐."

"왜 그랬소?"

"산 입에 거미줄 치기 싫어서."

허무한 대답이었다. 그는 뭐라 말해야 할지 몰라 잠깐 머뭇거렸다가 이렇게 물었다.

"하나만 더 묻겠소. 왜 하필 발승암이라는 말도 안 되는 호를 붙였소?"

"지금은 절에 붙어살고 있다오. 몸이 불구이고 아내도 없으니 다른 재간이 없지요."

말투는 간간했다. 행색은 볼품없어졌으나 왈짜 시절의 흔적은 비듬처럼 희미하게 남아 있었다. 세상의 흐름을 멀리하려 애쓰는 반항아의 성품이 한 마디 한 마디에서 절로 느껴졌다. 늙고 병들었는데도 이 정도라면 젊었을 적의 김홍연은 정말 대단했을 것이다. 그는 『사기』를 좋아했다. 『사기』 중에서도 「유협 열전」을 좋아했다. 소싯적에 만났더라면 그와 김홍연은 할 말이 참으로 많았을 터였다. 고금의 협객을 논하며 여러 밤을 지새웠을 것이다. 김홍연은 고개를 까딱해 보이곤 가던 길을 갔다. 나서기는 했으나 가야 할 곳이 딱히 없는 그는 어떻게 했나? 발길을 멈추곤 김홍연의 뒷모습을 하염없이 지켜보았다.

14

이야기를 마친 선생은 손등으로 눈가를 슬쩍 닦았다. 선생은 아무 일도 없었던 것처럼 허허 웃으며 말했다.

"미안하다. 내가 좀 과도하게 감정 이입을 했지?"

사실 선생은 이야기 도중에도 예민한 반응을 보였다. 김홍연의 마지막 대답에서는 "몸도 불구이고 아내도 없으니"까지 말하고는 잠깐 이야기를 멈추었다. 중단된 시간은 칠팔 초 정도였을 것이다. 이야기가 끝난 걸로 판단해 몸을 일으키려던 나는 "다른 재간이 없지요."가 이어지는 바람에 다시 주저앉아야 했다.

"미안하다. 정말 미안해. 이야기 선생이 이러면 안 되는데 역시 초보티를 벗기가 생각보다 쉽지 않구나. 꼭 소설을 처음 쓸 때 같

아. 그땐 소설을 쓰다 말고 갑자기 벌떡 일어나 밖에 나가서 한참을 헤매다 돌아왔지. 내가 쓰는 글에 지나치게 감정이 이입되어서 흥분을 멈출 방법이 없었거든."

선생은 대단한 실수라도 범했다는 듯 거듭 사과했다. 쓸데없는 짓이었다. 선생이 이야기의 등장인물에게 감정 이입을 하건 말건 그건 선생의 자유다. 물론 그 점에 대해 사과해야 한다고 생각하는 것 또한 선생의 자유다. 소설 운운한 건 소설 따위 써 본 적 없는 나와는 하나 관계없는 일이다. 그랬기에 나는 아무 말도 하지 않았다.

"이름에 관한 이야기라는 점에 대해선 따로 설명할 필요도 없으리라 믿는다. 부족함 하나 없이 저 좋을 대로 살던 이가 나이가 들어서는…… 갑작스럽게 영락하게 되지. 왜 그렇게 되었는지 이해조차 할 수 없는데 아무튼 되돌리기엔…… 늦었다는 사실을 깨닫게 돼. 인생이 참 허무하다고 느끼게 되고. 그럴 때 미노 너라면 어떻게 하겠니?"

선생은 우리가 소크라테스식 문답 수업이라도 하고 있는 것처럼 자연스럽게 질문을 던졌다. 나는 아무 반응도 하지 않았다. 고개조차 꿈쩍하지 않았다. 설령 답하려 했다 해도 답할 수 없었을 것이다. 무엇보다도 나는 김홍연 같은 백발노인이 아니다. 나는 애꾸도 아니고 허리도 굽지 않았고 게다가 김홍연처럼 떵떵거리며 살아 본 적도 없다. 제왕 같은 삶을 살다가 갑자기 모든 걸 잃어버렸다고 느끼는 노인의 우울한 심사 따위를 내가 무슨 재주로 알겠는가.

"김홍연은 자기 이름에 집착했어. 이름난 명산, 사람의 손길이 닿기 어려운 곳에 암벽 등반가처럼 기를 쓰고 올라가 자신의 이름을 새겼지. 그게 자기 이름을 백 년이고 천 년이고 보존하는 방법이라도 되는 것처럼. 중도 아닌데 절간에 의탁하고 살 수밖에 없는 자신의 몰락을 잊을 수 있는 절묘한 방법이라도 되는 것처럼."

그러고선 십 초간 침묵이 이어졌다. 선생의 이야기가 이번에야말로 확실히 끝난 것 같았기에 나는 일어나서 창가로 갔다. 그러나 또 한 번 잘못 짚었다. 선생에겐 유난히 할 말이 많은 날이었던 모양이다. 아니면 김홍연이라는 사람에게 특히 공감했거나. 아니면 이름을 다뤘다는 점이 마음에 쏙 들었거나. 선생은 크로스백에서 종이를 한 장 꺼냈다.

"자, 하나만 더. 박지원이 이덕무라는 사람한테 써 준 글 중에 좋은 게 하나 있단다. 이야기로 전하기엔 좀 어려운 내용이라 적어 왔다. 읽어도 괜찮겠지?"

나는 아무 말도 하지 않았다. 선생은 내 허락이라도 기다리듯 잠깐 틈을 두었다가 종이에 적은 내용을 읽기 시작했다.

"바람 소리를 생각해 보자. 바람은 원래 공허한 것이다. 공허한 바람이 나무에 부딪쳐 소리를 내고, 나무를 흔들기까지 한다. 일어나서 나무를 한번 살펴보자. 나무가 고요히 있을 때 바람은 도대체 어디에 있는 걸까? 너의 몸에는 원래 이름이 없었다. 몸이 생겨난 후 이름이 붙었다. 그런데 그 이름이 네 몸을 칭칭 감고 너를 가둔다는 걸 너는 모르고 있다. 종소리를 생각해 보자. 종치기를 멈추어도 소리는 울려 퍼진다. 이름도 그와 같다. 사람의 몸이 백번 죽어도 이름은 그대로 남아 있다. 왜일까? 이름은 공허하기에 변하거나 없어지지 않는 것이다. 이를테면 매미의 허물이나 귤의 껍질과 같은 것이다. 허물과 껍질에서 매미 소리와 귤 향기를 찾는다면 그게 과연 현명한 행동일까? 그렇지 않다. 허물과 껍질이 텅 비어 있음을 알지 못하고 하는 헛짓에 불과하다……[7] 어때? 무슨 이야 긴지 알겠니?”

내가 입을 다물고 있자 선생은 허허 웃으며 이야기를 이었다.

“이덕무에겐 아정, 청장관, 형암, 영처 등 호가 여러 개 있었단다. 그런데도 이덕무는 틈만 나면 호를 새로 지어서 사람들에게 종종 놀림받았지. 방금 읽은 글도 호 짓기 좋아하는 이덕무를 살짝 놀린 것이란다. 내용이 명확해 보이는 글이지. 하지만 꼭 그렇지만도 않아. 과연 박지원은 이름에 대해 그저 공허하다는 생각만 품고 있었을까?”

자꾸 이름을 들먹이는 게 짜증 났다. 하지만 나는 자신을 제어할 줄 아는 사람이다. 견딜 줄 아는 사람이다. 초연하려 애쓰는 사람이다. 그래서 아무 말도 하지 않았다.

“김홍연의 사연을 박지원이 글로 써서 남긴 이유를 아니? 바로 김홍연이 와서 부탁했기 때문이야. 김홍연은 박지원의 문장에 기대어 후세에 자신의 이름을 전하기 원했고, 박지원은 김홍연의 부탁을 받아들여서 글을 썼어. 자, 이게 무슨 뜻일까? 박지원은 이름이 껍질과 허물에 불과하다고 생각했지만, 껍질과 허물에라도 기댈 수밖에 없는 김홍연의 심정에도 공감한 거야."

화가 났으나 꾹 참았다. 선생의 의도는 뻔했다. 선생은 김홍연의 이야기를 빌려 나에 대해 이야기하고 있었다. 내가 이름을 바꾼 게 쓸데없는 짓이라고, 하지만 이해는 하겠다고, 김홍연의 이야기를 빌려 자기 생각을 쏟아붓는 중이었다. 간섭쟁이, 모략꾼, 위선자. 거리는 여느 때와 다름없이 조용했다. 그런데 멀쩡한 건물들과 달리는 차들과 핸드폰을 보며 걷는 사람들의 모습이 평소와 달랐다. 찌그러지고 흔들렸다. 순간 당황했지만 이내 진실을 깨달았다. 제기랄. 나는 손등으로 눈가를 훔쳤다. 그제야 모든 게 올바르게 되었다. 건물들은 멀쩡했고, 차들은 달렸고, 사람들은 핸드폰을 보며 걸었다. 개 한 마리도 고개를 들어 나를 보지 않았다.

"손은 괜찮니? 많이 다친 건 아니지?"

또다시 쓸데없는 간섭. 나는 붕대를 감은 오른손을 왼손으로 덮었다. 그러고는 선생을 본 뒤 문을 보았다. 선생은 침대에서 몸을 일으켰다. 그러나 곧바로 나가지는 않았다.

"미노라는 이름, 뭐 나쁘진 않은 것 같다. 하긴 네 부모가 지어 준 성우라는 이름이 좀 낡아 보이긴 하니까. 이덕무처럼 여러 개가 아닌 하나만 지어 쓴다면 나쁠 것도 없지. 아니, 여러 개를 써도 문제 될 건 하나도 없고. 그런데 미노가 도대체 무슨 뜻이냐?"

호흡이 가빠졌다. 얼굴도 멍게처럼 붉고 울퉁불퉁해졌으리라. 선생은 자신이 무슨 소리를 지껄이는지도 모르는 게 분명했다. 자신이 무슨 대단한 존재라도 되는 줄 착각하는 게 분명했다. 선생이라는 이름에 단단히 현혹된 게 분명했다. 주제넘은 인간 같으니. 나는 입술을 깨물었다. 조금 전 보았던 거리 풍경을 떠올렸다. 멀쩡한 건물들, 달리는 차들, 걷는 사람들……. 이름에 관한 개소리를 한마디만 더 꺼냈다면 나는 분명 선생에게 달려들었을 것이다. 아버지의 친구건 이야기 선생이건 간에 오른손이 으스러지도록 온 힘을 다해 주먹을 날렸을 것이다.

선생이 가만히 있지 못하고 한마디 더하기는 했다. 크로스백에서 뭔가를 꺼내 침대에 놓곤 한마디 하기는 했다. 선생에게 다행이었던 점은 그 말이 이름과 무관했다는 사실이다.

"네 방 앞에 떨어져 있더라. 편지 같아서……."

나는 침대로 달려들어 봉투를 집어 들었다. 그러곤 그 자리에 서서 선생을 몇 초간 노려보고 문을 열었다. 내 물건에 함부로 손대지 말라는 뜻이었지만 선생이 알아들었는지 어쨌는지는 모르겠다. 선생은 무슨 말인가를 하려다 말고 그냥 밖으로 나갔다. 나는 선생이 집을 빠져나간 걸 확인한 후 봉투를 열어 편지를 꺼냈다. 이번에도 내용은 단 두 줄이었다. 어디선가 베낀 게 분명해 보이는 문장 두 줄. 우정에 관한 진부한 문장. 개자식. 나는 그 두 줄을 열 번가량 반복해 읽은 뒤 편지를 다시 봉투에 넣었다. 서랍 안에 봉투를 넣고는 걸레를 집어 들었다. 침대를 박박 문지르고 책상을 닦고 바닥을 훔쳤다. 좁은 방이라 그리 오래 걸리지 않았다.

15

그날 밤 나는 외출을 했다. 십 분 정도 걸어 비석 무덤에 도착했다. 지린내 풍기는 늙은 느티나무에 기대앉아 비석 무덤을 바라보았다. 바람은 불지 않았다. 바람이 불지 않기에 나뭇잎이 와르르 떨어지지 않았고, 비석들도 흔들리지 않았다. 제기랄. 바람이 없으니 마음이 좀처럼 안정되지 않았다. 나는 느티나무 밑동을 짚고 일어났다.

비석 무덤을 뒤로하고 고층 아파트 단지 옆길로 들어갔다. 마트를 지나 서점에 도착한 나는 보도 끝에 서서 숨을 골랐다. 빠른 걸음으로 온 것도 아닌데 가슴이 툭툭툭툭 마구 뛰었다. 나는 은행나무 가로수에 기댔다. 서점 앞엔 적지 않은 사람들이 오고 갔다. 나를 보는 사람은 아무도 없었다. 모두들 고개를 숙인 채 핸드폰을 보며 걸었다. 나는 모자를 깊게 눌러쓰고 서점 안을 보았다. 주인 혼자 있었다. 나는 서점 앞으로 가서 주먹을 쥐었다가 편 뒤 단번에 문을 열고 들어갔다.

생각보다 훨씬 밝은 조명에 머리가 어지러웠다. 이삼 초간 멈춰 섰던 나는 고개를 살짝 들어 좌우를 살피며 소설 서가를 찾았다. 좁은 서점이라, 4분의 1짜리 서점이라 찾기 어렵지는 않았다. 소설 코너는 진열대 하나와 세 개의 책장으로 구성되어 있었다. 책들은 저자의 이름을 기준으로 분류되어 있었다. 나는 두 번째 책장에서 'ㅅ'을 찾은 후 그 칸을 빠르게 훑었다. 있었다. 선생의 책이 있었다. 중앙에서 약간 오른쪽으로 치우친 자리에 선생이 쓴 책이 세 권 연달아 꽂혀 있었다.

나는 선생의 책을 모두 꺼내 진열대 위에 올려놓고 『증거를 확보하는 일곱 가지 방법』이라는 제목의 책부터 펼쳤다. 글자도 작고 면수도 많았다. 추리소설 같은 제목과 달리 조선 시대가 배경이라 쓰인 용어부터 내게는 낯설었다. "역사소설을 쓰되 공들여 고증하지는 않는다."라는 문구가 뒤표지에 박혀 있었으나 나로서는 도무지 무슨 말인지 알 도리가 없었다. 다른 두 권도 비슷했다. 한 책의 띠지엔 "에리히 프롬의 『사랑의 기술』을 소설적으로 완벽히 구현한 책"(제목은 『사랑의 혼란』)이라는 문장이, 또 다른 책의 띠지엔 "천의 고원을 떠도는 현대 유목민의 초상"(제목은 『걷다』)이라는 문장이 적혀 있었다. 두 소설의 배경은 현대였지만 에리히 프롬과 천의 고원 같은 말에서 알 수 있듯 낯설기로는 공들여 고증하지 않았다는 역사소설 못지않았다.

소설 시장에 대한 정보는 무지했지만 이런 책들을 십만 부 팔기란 비전문가인 내 눈에도 지구가 평평해지는 것만큼이나 불가능해 보였다. 십만 부 운운한 선생의 말이 거짓이라 단정하는 것은 아니다. 다만 그 시절은 오래전에 썰물처럼 빠져나갔음이 분명했다. 고민하고 말 것도 없었다. 내 취향은 아니었다. 한 장도 넘기지 못하리라는 데 내 전 재산을 걸어도 좋았다.

세 권 다 제자리에 꽂았다. 선생의 다른 책이 있지 않을까 싶어 진열대를 살피다 서점 주인과 눈이 딱 마주쳤다. 날 의심하는 눈빛. 제기랄. 모자를 눌러쓰고 고개를 푹 숙인 후 출구로 향했다. 지나치게 서두르는 바람에 진열대에 놓인 책 한 권이 바닥에 툭 떨어졌다. 책을 주워 올려놓으려던 나는 『여행의 이면』이라는 제목의 그 책 또한 선생이 쓴 것임을 깨달았다. 기묘한 일이라고 놀라는 이들도 있겠다. 하지만 불가능한 일은 아니었다. 우연의 일치는 생각보다 자주 일어난다.(선생은 아마도 '상관적 진실'이라 표현했을 것이다.) 그러니 감탄하고 놀랄 이유는 없다.

『여행의 이면』은 얇았고, 글은 적었고, 사진은 많았다. 나는 계산대로 가서 책과 돈을 함께 내밀었다. 조금 전까지 매의 눈으로 나를 쏘아봤던 주인은 속이 빤히 보이는 가식적인 웃음을 지으며 혹시 회원이냐고 물었다. 나는 아무 말도 하지 않았다. 주인은 지금 회원 가입을 하면 5퍼센트 할인을 받을 수 있다고 했다. 그 정도면 온라인 서점의 할인율에 비해서도 크게 처지지 않는다고 했다. 나는 아무 말도 하지 않았다. 주인의 얼굴에서 웃음이 사라졌다. 짧은 시간에 다양한 표정 연기를 선보인 주인은 더 이상 묻지 않고 책과 잔돈을 주었다.

나는 잔돈을 주머니에 쑤셔 넣은 뒤 책을 들고 뛰다시피 서점을 빠져나왔다. 마트와 고층 아파트 단지를 지난 후에야 걸음을 멈추었다. 제기랄. 그제야 나는 후회했다. 큰맘 먹고 들어간 서점에서 박지원에 관한 책을 살펴보지 않은 걸 뒤늦게 깨달았다. 나는 곧바로 후회를 지웠다. 사실 박지원에 관한 책을 읽을 이유는 하나도 없었다. 선생은 곧 사라질 테니. 나는 거리 끝까지 걸어가서 2층 벽돌집을 힐끗 보고, 고시원 건물을 지나쳐서 비석 무덤에 도착했다. 아, 바람이 불었다. 바람은 내가 원하는 만큼만 불었다. 그래서 나는 느티나무에 기대앉아 와르르 떨어지는 나뭇잎과 흔들리는 비석을 한참 동안 바라보다가 집으로 돌아왔다.

16

자기를 찾아 밖으로 나간 미친놈 이야기[8]

술 취해 잠들었던 그는 시끄러운 소리가 연이어 들려오는 바람에 잠에서 깼다. 방은 밝았다. 밝은 방 안으로 세상의 소리들이 마구 침입해 왔다. 솔개와 까치가 울었고, 수레와 말이 요란하게 지나갔다. 절구 찧는 소리, 그릇 씻는 소리가 귓전을 때렸다. 부지런한 노인네가 며느리를 나무랐고, 어린애는 까르르하며 웃었다. 종들은 다투었고, 행인은 기침하며 침을 뱉었다. 그를 깨운 소리들. 일상의 소리들. 다르나 늘 같은 소리들. 개별적이면서도 복합적인 소리들. 누워서 그 소리들을 듣다 보니 문득 이상한 생각이 들었다.

'내 목소리는 왜 안 들리는 건가?'

자기 생각이건만 꼭 남의 머리에서 튀어나온 것처럼 낯설었다.

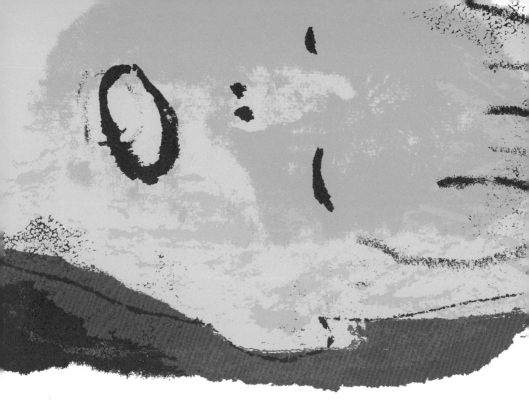

이상했다. 두려웠다. 오금이 굳었다. 그는 주먹을 꽉 쥐고는 큰 소리로 중얼거렸다.

"다들 있는데 왜 나만 없나?"

자기 목소리건만 꼭 남의 입에서 나온 것처럼 생경했다. 고개를 살짝 들고 방을 둘러보았다. 저고리와 바지와 띠는 횃대*에, 갓은 벽에 걸려 있었다. 책들은 책상 위에 놓여 있었고, 거문고는 바닥에 누여 있었고, 가야금은 벽에 기대어져 있었다. 거미줄은 들보를

● 횃대 옷을 걸 수 있게 벽에 달아매어 두는 막대.

거처로 삼았고, 쇠파리는 들창에서 안식했다. 모든 게 제자리를 지켰다. 있어야 할 곳을 정확히 알았다. 그러나 오직 하나, 그의 몸만 보이지 않았다.

　그는 서둘러 일어났다. 그 자리에 서서 여태 누워 있었던 곳을 살폈다. 베개와 요가 있고, 흐트러진 이불은 제 속을 훤히 드러냈다. 사람이 잔 흔적은 있으나 사람은 보이지 않았다. 그렇다면 결론은 하나뿐이었다.

　'알겠다. 나라는 놈이 미쳐서 벌거벗고 밖으로 뛰쳐나간 거로구

나.'

　그는 옷도 없이 뛰쳐나간 자신이 불쌍했다. 혀를 차기도 하고 흉을 보기도 하다 안 되겠다 싶어 옷과 갓을 손에 들었다. 문을 열고 밖으로 나가는 그의 마음은 초조했다. 거리 어딘가를 옷도 없이 헤매고 있을 자신을 생각하니 걸음이 저절로 빨라졌다. 그는 "이놈아! 아침부터 도대체 어디로 간 거니?" 하고 큰 소리로 외치고는 거리를 향해 달려 나갔다.

17

선생은 이야기를 끝내기 무섭게 질문부터 던졌다.

"놀랍지 않니? 꼭 카프카나 보르헤스 같지 않아?"

도대체 무슨 소리를 하는 건지. 카프카는 누구고 보르헤스는 또 누군가.(나는 아주 최근에야 그들이 '대단한' 작가라는 사실을 알게 되었다. 비웃고 싶으면 비웃어도 좋다.) 나는 아무 말도 하지 않았다. 물론 카프카와 보르헤스가 누구인지 알았더라도 대답은 하지 않았을 것이다. 선생은 허허 웃은 후 말을 이었다.

"아무튼 좀 이상한 이야기야. 생각하고 말하는 게 자기 자신이라는 걸 모른다니 터무니없기도 하고. '나는 생각한다. 그러므로 나는 존재한다.'라는 데카르트의 근대적인 명제에 비추어 보면 더

더욱 말이 안 되지. 그렇지 않니?"

나는 아무 말도 하지 않았다. 그러나 입을 다문다고 해서 선생의 말에 동의하는 것은 아니었다. 데카르트라는 사람이 왜 그런 소리를 했는지는 모르겠으나 선생이 들려준 이야기 속의 황당한 경험이 꼭 불가능한 것도 아니었다. 논리적으로 설명할 순 없지만 이상한 일은 아니다. 나도 가끔 그런 기분을 느끼니까. 한밤중까지 깨어 있다 아침에 눈을 뜨면 내가 있는 곳이 어디인지 몰라 당황할 때가 있다. 학교를 그만둔 지 이 년이 다 되어 가지만 교복을 입고 학교에 가야 할 시간에 왜 침대에 누워 있는 건지 혼란스러울 때가 아직도 있다. 고시원에서 잠깐 집으로 돌아온 아버지가 목소리를 낮춰 엄마와 말다툼하는 소리가 들리고, 거실 같지도 않은 거실에 켜 놓은 텔레비전 소리가 들리고, 열린 창문으로 아이들 떠드는 소리가 들리고, 가끔은 W가 '이성우, 빨리 나와.' 하고 부르는 소리도 들리는데 나는 도대체 어디에 있는 건가 의아할 때가 아직도 있다. 멍하니 야구를 볼 때도 마찬가지다. 어느 순간 내가 운동장에 서 있는 느낌이 들 때가 아직도 있다. 아버지가 응원하고 엄마가 박수 치는 소리가 들릴 때가 아직도 있다. 그러나 선생과는 아무런 관계도 없는 일들이다. 나는 아무 말도 하지 않았다.

"우리가 사는 이 합리적인 세상에서야 그럴 수 없겠지. 미치지 않고서는."

선생의 결론은 논리적이었다. 내가 그 논리에 승복했다는 의미는 아니다. 선생은 자신이 소설을 썼다고 했다. 그 책을 구입하지 않은 게 다행이다. 선생의 소설은 냉철한 제목들만큼이나 합리적일 것이다. 합리와 무관한 삶을 사는 내겐 아무런 감흥도 주지 못할 것이다. 제기랄. 갑자기 기분이 나빠졌다. 선생이 지겨워졌다. 나는 주먹을 살짝 쥐고 문을 노려보았다. 늙고 흉하고 냄새나는 선생 같으니. 모든 걸 제 마음대로 판단해 버리는 나쁜 선생 같으니. 선생의 이야기가 빨리 끝나 시체 같은 냄새도, 똥자루 같은 몸뚱이도 모두 문밖으로 사라져 버리기를 바랐다. 걸레를 들고 모든 것을 싹싹 닦아 흔적을 지울 시간만을 기다렸다.

"하지만 꼭 그렇지도 않아. 현실이 아닌 문학의 세계에서라면. 카프카가 쓴 「변신」의 주인공 그레고르 잠자는 불길한 꿈을 한바탕 꾸고 깨어난 뒤에 자신이 벌레로 변해 버린 걸 알게 돼. 벌레가 된 잠자는 자신의 방을 둘러봐. 바뀐 건 없었어. 방을 둘러싼 벽도 그대로였고, 책상 위의 옷감 견본도 그대로였고, 모델의 사진을 넣어 놓았던 액자도 그대로였지. 다 그대로인데 자신만 그 안에 없는 거야. 한편 보르헤스가 쓴 「타자」에서 산책을 즐기던 늙은 보르헤스는 벤치에 앉아 강물을 바라봐. 누군가 옆자리에 앉는 걸 느꼈지만 돌아보지는 않았지. 그런데 그 사람이 갑자기 휘파람을 부는 거야. 그것도 보르헤스에게 있어 굉장히 의미가 깊은 곡을. 신기하면서도 두렵게 여긴 보르헤스는 그제야 옆을 봐. 젊은 청년이었어. 자신과 닮은 젊은 청년. 그냥 닮은 청년이 아니라 오십일 년 전의 젊은 보르헤스 자신이었어. 둘은 다음 날 다시 만나기로 하지만 늙은 보르헤스는 나가지 않아. 아마 젊은 보르헤스도 나오지 않았겠지. 둘 다 황당한 이야기들이야. 현실이 아닌 문학의 세계에만 존재하는. 그런데 미노 넌 어떻게 생각할지 모르겠지만 내겐 이 문학의 세계가 가끔씩 현실보다도 현실처럼 느껴진다. 현실은 오히려 허구이고 말이야. 미쳤다는 소리 듣기 딱 좋은 생각만 하고 사니 결국 소설가 나부랭이가 된 거겠지, 허허."

나도 모르게 선생을 보았다. 선생은 나부랭이 운운했지만 지금 와 생각하면 그때처럼 선생이 살아 있는 존재로 다가온 적은 없었다. '반짝'하고 빛나는 순간이었다는 뜻이다. 다행히 선생은 고개를 들어 천장을 보고 있었다. 나는 선생의 머리가 제자리로 돌아오기 전에 재빨리 고개를 숙였다.

"사실 이 이야기의 주인공은 박지원 본인이 아니야. 그건 여기서 밝히고 넘어가야겠다. 내가 이야기 선생의 특권으로 주인공을 슬쩍 바꿨거든. 원래 주인공은 송욱이라는 사람이지. 송욱이 누구냐 하면 그 당시 소문난 진짜 미친놈이었어. 미친놈은 미친놈이었는데 하는 짓이 밉상은 아니었지. 꼭 뭔가 아는 놈처럼 행동했어. 가령 과거 시험이 있는 날이면 송욱은 제대로 옷을 갖춰 입고 과거장에 들어갔어. 송욱이 서둘러 답안지를 작성한 후에 무슨 짓을 했는지 아니? 자기 스스로 채점을 했어. 잘된 구절에 표시를 하고 답안지 한가운데에다 크게 '일등'이라고 썼지. 물론 송욱은 과거에 급제하지 못했어. 송욱의 미친 짓은 온 사방에 소문이 났지. 그래서 사람들은 어떤 일이 이루어지기 힘들 것 같으면 '송욱이 과거 시험 보기'라고 말하고들 했단다."

선생의 말에 따르면 송욱은 미친놈이었는데 그냥 미친놈은 아니었다. 시험장에서 한 짓은 부정부패가 만연한 과거 제도를 비판한 것이었다. 그 당시 과거장은 이미 '개판'이었다. 마찬가지로 과거 제도에 회의적이었던 박지원은 젊은 시절부터 송욱을 꽤 좋아했다. 박지원은 십 대 때 「마장전」, 그러니까 알아듣기 좋게 바꿔 말하면 '말 거간꾼°의 술책'이라는 소설을 썼는데, 그 소설에 송욱이 등장한다. 미친놈인데 그냥 미친놈이 아닌 송욱은 그 소설에서 돈벌이에 목숨 건 놈들, 즉 얼핏 보면 정상 같지만 실제로는 정말로 미친 놈들을 마구 욕했다. 그러니까 송욱은 박지원이 오랫동안 편애했던 미친놈 같지 않은 미친놈이었다.

"그럼 나는 왜 박지원을 이 이야기에 끌어들였을까? 도망자 신세이면서도 잘난 친구 덕분에 개성에서 잘 먹고 잘 살고 있는 박지원을 왜 갑자기 미친놈으로 바꿨을까?"

선생이 나를 슬쩍 바라봤지만 나는 아무 말도 하지 않았다. 물론 답을 할 마음이 없었지만 답을 하려 해도 할 말이 없기는 마찬가지였을 것이다. 결국 대답은 선생의 몫이었다.

"박지원의 생애를 살펴보면 개성 시절은 그로서는 드물게 평화

● 거간꾼 사고파는 사람 사이에 들어 흥정을 붙이는 일을 하는 사람.

로웠던 때야. 친구 유언호, 후원자 양직, 게다가 박지원을 따르는 제자들도 있었지. 그런데 말이야, 내 눈엔 개성에서의 박지원이 그다지 행복해 보이질 않아. 뭐랄까, 전직 소설가의 감이라고나 할까? 왜 그렇게 생각하느냐고 묻는다면 그럴듯한 증거도 하나 들이댈 수 있지. 고려의 수도였던 개성은 요즘식으로 말하자면 관광 명소였어. 박연 폭포나 선죽교 같은, 사진을 찍어 블로그나 페이스북에 꼭 남기고 싶은 장소가 넘쳐 났지. 그런데 박지원이 개성에서 관광하고 다녔다는 기록은 어디에서도 찾아볼 수 없어. 볼거리를 위해선 목숨이 위험한 곳도 마다하지 않던 박지원이 말이야, 개성에선 관광 명소 다 무시하고 그냥 동네만 쏘다녔다니까. 도대체 왜 그랬을까?"

선생의 이야기는 거기에서 딱 멈추었다. 나는 일어나서 창문 앞으로 갔다. 거리는 여느 때와 다름없이 조용했다. 건물들은 멀쩡했고, 차들은 달렸고, 사람들은 핸드폰을 보며 걸었다. 개 한 마리도 고개를 들어 나를 보지 않았다. 아, 다른 게 하나 있기는 했다. 갓 쓰고 도포 자락 휘날리며 걷는 이가 하나 있었다. 물론 그이가 실제 인물일 리는 없다. '문학의 세계'의 산물임이 분명했다. 나는 눈을 한 번 감았다 떴다. 갓 쓴 선비는 사라졌다. 문학은 사라지고 현실이 되돌아왔다. 현실의 거리에 낭만은 없었다. 그저 평소와 다름없이 침묵으로 가득할 뿐이었다.

"그럼 내일 또 보자."

선생이 일어서는 것을 보고 나는 충동적으로 질문을 던졌다. '충동'은 나와 어울리지 않는 단어였다. 아마도 '문학의 세계'라는 말 때문이었을 것이다.

"우리 아버지가 도대체 왜 좋은 사람이라는 거예요?"

기습 공격에도 선생은 당황하지 않았다. 선생은 내 질문을 예견이라도 한 듯이 허허 웃으며 말했다.

"공짜로 방을 빌려줬거든. 내가 틀어박힐 수 있는 방을 말이야. 다른 이유도 있지만 그걸 이야기할 때는 아닌 것 같고."

그것으로 끝은 아니었다. 선생은 한마디를 덧붙인 뒤 방문을 열었다.

"그런데 말이야, 송욱은 거리에서 자기 자신을 찾았을까? 어쩌면 말이야, 가만히 방에 틀어박혀 있는 게 자기 자신을 찾는 데 더 좋은 방법 아니었을까?"

선생이 나간 후 나는 걸레를 집어 들었다. 침대를 박박 문지르고 책상을 닦고 바닥을 훔쳤다. 다 문지르고 훔쳤으나 마음은 닦지 못했다. 마음에선 고름보다 더러운 액체가 줄줄 흘렀다. 아무리 애를 써도 닦을 수 없었다. 포기했다. 걸레를 세탁기 옆에 집어 던진 나는 온 힘을 다해 소리를 질렀다.

18

그날 밤 나는 외출을 했다. 비석 무덤에 도착해서는 늙고 냄새나는 느티나무에 기대앉았다. 바람에 와르르 쏟아지는 나뭇잎들, 저마다의 크기로 흔들리는 비석들을 보며 선생의 책 『여행의 이면』을 생각했다. 얇은 책이었다. 글은 적고 사진은 많았다. 이 년 동안 만화책 말고 다른 책은 들춰 본 적도 없던(그 이전이라고 크게 다르지는 않았지만) 내가 끝까지, 그것도 단숨에 읽을 수 있었던 비결이다. 별다른 책은 아니었다. 구성은 단출했고 내용은 평범했다. 선생이 찍은 흑백 사진들 아래에 글이 한두 줄씩 적혀 있었다.

스콜이 퍼붓는 방콕을 촬영한 사진 아래엔 "갑자기 스콜이 내려 파초 잎을 때린다. 빗물을 따라 잎이 흔들린다. 얼굴이 시원해지고 졸음이 달아난다."라는 문장이 있었고, 파타야 바닷가를 찍은 사진 아래엔 "물결이 이는 건 수없이 많은 물고기 비늘이 동시에 움직이기 때문이다. 파도가 치는 건 수없이 많은 손이 바다를 쥐었다 놓기 때문이다."라는 문장이 있었고, 치앙마이의 가난한 노인을 찍은 사진 아래엔 "하늘을 바라보면 별빛이 반짝인다. 땅에 귀를 대면 벌레 소리가 들린다. 별빛과 벌레 소리로 등불을 켠다."[9]라는 문장이 있었다. 태국을 알고 짧은 문장(선생의 유식한 표현을 인용하자면 청언소품*)의 묘미를 아는 이들이라면 무릎을 탁 치며 아름답고 절묘하다 평할지도 모르겠지만 나는 아니었다. 나는 외국에 가 본 적도 없고, 독서량은 평균 이하의 이하였다. 방콕, 파타야, 치앙마이는 내게 아무런 감흥도 주지 못하는 외국 도시일 뿐이었고, 사진과 별반 관계도 없어 보이는 현학적인 문장들은 뜬구름 같았다.

그럼에도 나는 바람에 와르르 쏟아지는 나뭇잎과 흔들리는 비석들을 보며 선생의 책『여행의 이면』을 생각하고 또 생각했다. 본문 뒤, 그러니까 판권 바로 앞 장에 실린 '여행의 동반자'라는 제목의 사진 두 장 때문이었다. 첫 번째 사진엔 선생과 여인이 있었다. 사진 아래에 적힌 '아내'라는 단어가 없어도 두 사람이 부부라는 사실은 의심할 여지가 없어 보였다. 카메라를 향해 활짝 웃고 있는 두 사람은 닮아 있었다. 꼭 의좋은 남매처럼. 내가 그 사진을

• 청언소품(淸言小品) 중국 명나라 말기에 유행한, 마음을 맑게 하는 짧은 글.

눈 비비고 다시 봤던 건 선생 때문이었다. 선생은 지금과 전혀 다른 사람이었다.(갈색 크로스백은 지금과 똑같았다.) 몸매는 배구선수처럼 호리호리했고, 활짝 웃는 얼굴엔 빠진 이빨 하나 없었다. 모르긴 몰라도 시체 냄새 또한 나지 않았을 게 분명했다.

두 번째 사진엔 여인과 소년이 있었다. 사진 아래엔 '아내와 조카'라 적혔다. 사진에선 민트 향이 났다. 아니, 사진이 아니라 내 머릿속에서 민트 향이 났다. 선생이 조카라 적은 소년은 내가 고등학교라는 곳을 다니던 시절 유일하게 사귀었던 친구 W였다. 미국에서 살다 고등학교 2학년이 되어서야 한국으로 온 W는 민감한 피부 때문에 고생했다. 그래서 엄마가 직접 만들어 준 로션을 약처럼 가지고 다니며 사용했다. 그 로션에선 민트 향이 났다.

두 장의 사진을 한참 동안 본 나는 판권에서 날짜를 확인했다. 삼 년 전에 출간된 책이었다. 『여행의 이면』이라는 책 제목은 절묘했다. 행복했음에 틀림없었을 그 여행은 불행의 시발점이기도 했다. 방콕, 파타야, 치앙마이를 아내, 조카와 함께 여행하며 사진 찍고 글을 썼던 선생은 지금 전혀 다른 사람이 되었다. 무엇 때문에 선생이 바뀌었는지는 내가 알 수 없고 관심 또한 없다. 영원히 곁을 지킬 것 같았던 W 또한 나와는 관계없는 사람이 되었다. 그 이유는 내 입으로 똑똑히 말할 수 있다. 그건 바로 W가 나를 배신했기 때문이다. 나쁜 자식.

나는 느티나무 허리를 잡고 일어났다. 비석 무덤을 뒤로하고 원래 경로대로 산책을 했다. 거리 끝까지 도달한 나는 건너편 2층 벽돌집을 보았다. 슬쩍 보지 않고 똑바로 마주 서서 보았다. 2층 벽돌집엔 불이 켜져 있지 않았다. 그래서 용기를 냈다. 2층 벽돌집 대문 앞까지 다가간 나는 문에다 침을 뱉었다. 침을 뱉는 것만으로 끝내지 않았다. "이 나쁜 새끼야!"라고 온 힘을 다해 외친 후 원래 경로로 되돌아왔다.

집으로 돌아오기 전 고시원 건물 앞에 멈춰 섰다. 고시원은 3층이었다. 나는 고개를 들어 고시원을 올려다봤다. 나는 아버지가 하루 스물네 시간 중 스물두 시간을 보내고 엄마가 하루 여덟 시간 이상을 보내는 공간인 고시원에 한 번도 들어가 본 적이 없었다. 그럼에도 내 머릿속엔 고시원의 이미지가 선명했다. 내게 고시원이란 아버지의 분노와 엄마의 신음이 집합된 장소였다. 아버지는 일주일 중 하루 집에서 자는 날 밤, 거실에서 텔레비전을 켜 놓고 술을 마시며 고시원을 씹었다. 그놈의 고시원 당장 때려치워야지, 쓰레기 같은 놈들만 잔뜩 모여서는, 돈밖에 모르는 주인 놈 등등이 아버지의 주된 멘트였다. 방문은 얇았다. 잠 못 이루고 깨어 있는 까닭에 어쩔 수 없이 들어야 하는 나로서는 거슬리기만 할 뿐 큰 감흥은 없었다.

다 아버지가 자초한 일이다. 마음에 들지 않으면 그만두면 되는 것이다. 이 년 전에 사업을 송두리째 말아먹은 아버지가 일자리를 찾지 못해 허덕였던 건 그리 오래전 일도 아니었다. 돈 받고 일하는 것만 해도 감지덕지해야 할 형편에 괜히 다른 이들을 탓할 이유는 없었다. 돈을 벌기 위해 혼자만 모욕을 당하고 희생하는 것처럼 과장할 이유 따위는 하나도 없다는 말이다.

새벽녘에 가끔 들리는 엄마의 신음은 낮고 깊었다. 고시원 청소를 시작한 지 일 년이 넘었지만 엄마는 좀처럼 그 일에 익숙해지지 못했다. 듣고 싶지 않아도 들어야 하는 나로서는 엄마의 신음 소리가 몹시 괴로웠다. 방에 틀어박힌 아들이 주는 정신적 압박과 거친 노동이 주는 육체적 고통을 모두 짊어진 엄마가 늘 안타까웠다. 엄마는 아주 가끔씩 거실의 낡은 삼익 피아노를 열어 건반을 살짝살짝 눌러 보기도 했다. 「월계꽃」* 혹은 세레나데의 선율 같기도 했지만 음악을 잘 모르는 나로서는 추측만 할 뿐이었다. 좁은 집으로 이사하면서 장롱, 화장대, 6인용 식탁 같은 세간을 처분했지만 낡은 피아노만은 예외였다. 피아노 때문에 거실이 더 좁아졌지만 엄마는 결코 피아노를 포기하지 않았다. 피아노 전공자도 아니고 그저 취미로 서너 달 배웠을 뿐인데도 엄마는 피아노에 목숨 건 사람처럼 절대 포기하지 않았다. 나는 그 이유를 잘 모른다. 하지만 언젠가 내가 방에서 뛰쳐나가기로 결심한다면, 그건 엄마의 낡은 피아노 때문이기도 할 것이다.

저 고시원엔 선생도 있을 터이다. 거대한 몸집의 선생은 한 평

● 「월계꽃」 슈베르트가 작곡한 가곡. 괴테의 시 「들장미」가 가사로 붙어 있으며 소박한 아름다움이 돋보인다.

남짓한 공간에 감사해하며 방 안에 틀어박혀 있을 터이다. 어쩌면 벽에다 좋았던 시절 아내와 찍은 사진을 붙여 놓고 있을지도 모를 일이다. 그 사진을 보며 밤새 명상에 잠겨 있을 수도 있겠다. 물론 실제로 선생이 무엇을 하고 있었는지는 내가 알 수 없고 사실 그리 궁금하지도 않았다. 제기랄. 그냥 그렇다는 말이다. 선생은 내게 아무 의미도 없다. 선생은, 다른 어른과 다를 바 없다. 어차피 고지나 정복하고 말 사람이라는 뜻이다. 그 깜냥으론 그것조차 쉽지 않겠지만. 제기랄. 제기랄. 제기랄. 나는 바닥에 침을 한 번 뱉고는 집을 향해 몸을 돌렸다.

19

긴 낮 내내 발을 드리운 집 이야기[10]

양직은 끈질겼다. 어제도 대나무 이파리 술 한 병 들고 그를 찾아와선 글을 써 달라고 졸랐다. 며칠 뜸했기에 뜻을 접었다고 잠시나마 안도했던 건 착각이었다. 그러나 쇠심줄을 닮은 건 양직만이 아니었다. 그 또한 물러서지 않고 똑같이 끈질기게 양직에게 맞섰다. 집 이름만 바꾸면 언제든 써 주겠다는 것. 양직은 깊이 생각에 잠겼다. 고민 끝에 양직이 꺼내 든 건 또다시 양현교라는 이름이었다. 양직은 양현교를 만나고 나면 글을 써 주지 않고는 못 배길 거라고 호언장담했다. 양직의 지조 넘치는 고집에 그는 할 말을 잃었다. 그래서 씩 웃었다. 양직도 따라서 씩 웃었다.

하루가 지났지만 양직의 말이 도통 머리에서 떠나지를 않았다.

양직은 양현교라는 이름을 전가의 보도처럼 휘둘렀다. 결국엔 양현교 때문에 그가 마음을 바꾸리라 확신하고 있었다. 개성 유수의 친구와 친분을 쌓고 싶다는 '속됨'과는 거리가 먼 무언가가 있었다. 양직의 자신감은 도대체 어디에서 비롯된 것일까? 양현교가 어떤 인간이기에 양직은 그리 생각하는 것일까? 궁금한 것은 못참는 게 그의 성격이었다. 게다가 무료하기도 했다. 지루해서 백이와 숙제*의 애호 음식인 고사리를 사탕 삼아 빨아 먹을 지경이었다. 그는 양현교라는 쇠뿔을 단번에 빼러 가기로 결정했다.

검푸른 절벽이 보이는 곳에서 걸음을 멈추었다. 못생긴 소나무한 그루가 자신의 거처로 삼은 검푸른 절벽 밑에 대여섯 칸 규모의 아담한 집 한 채가 보였다. 집 주위는 온통 나무였다. 대나무 사립문 안팎엔 살구나무와 복숭아나무가, 집 뒤편엔 배나무 십여 그루가 있었다. 희고 붉은 꽃을 피우는 꽃나무들. 선비보다는 예인의 취향에 가까웠다. 꽃들이 앞다투어 피는 봄이면 꽤 장관이기는 할 터였다.

사립문 가까이 가 보았다. 살구나무와 복숭아나무 사이로 개울이 보였다. 물의 흐름을 제어하기 위해 놓은 흰 돌을 따라 세차게

● 백이(伯夷)와 숙제(叔齊) 고대 중국의 현인들. 주나라 무왕이 은나라를 치려 할 때 형 백이와 동생 숙제가 함께 만류했으나 받아들여지지 않자 산에 들어가 굶어 죽었다.

흐르던 개울은 섬돌 가까이 이르러서는 연못이 되었다. 사립문에 슬쩍 손을 대 보니 스르르 열렸다. 한 발을 들여놓은 그는 자기도 모르게 아, 하고 소리를 냈다. 꽃이 진 지 오래였으나 바닥은 아직 희고 붉은 꽃잎 천지였다. 그는 개울을 따라 이어진, 희고 붉으나 자세히 보면 빛이 바랜 꽃잎 길을 걸었다. 그리고 연못을 지나쳐서 몇 걸음 더 걸어 건물 앞에 섰다. 크기는 작아도 정취가 넘치는 집이었다. 오른쪽엔 둥근 창, 왼쪽엔 빗살창이 달려 있었다. 난간은 대나무였고, 지붕은 이엉으로 덮었다. 건물 정면엔 발이 드리워져 있어 안이 잘 보이지 않았다. 그때, 바람이 때맞춰 와르르 불었다. 처마 밑에 달아 놓은 풍경이 울었고 꽃잎이 공중 부양하듯 날아올랐다. 제법 운치가 있었다. 고고하기보다는 나른했다.

그는 드리워진 발을 보며 양직의 말을 떠올렸다. 양현교는 너무 게을러서 부르기 전에는 절대로 나오지 않을 거라던 그 말. 미리 언질은 해 놓겠지만 양현교의 호인 '인수'를 서너 차례 부르지 않으면 밖이 아무리 시끄러워도 절대 나오지 않을 거라던 그 말. 의미심장하게 웃으며 하던 그 말. 그는 목청을 가다듬고는 "인수." 하고 소리를 냈다. 안에서는 아무 기척도 나지 않았다. 그는 조금 전보다 약간 큰 목소리로 "인수, 인수. 안에 있소?" 했다. 안에서 몸 일으키는 소리가 났다. 발이 느릿느릿하게 움직여 걷어졌다. 발을 걷기는 했으나 그뿐이었다. 양현교는 밖으로 나와 그를 맞이하지 않았다. 양직과 닮았으나 훨씬 어린, 그러나 훨씬 지쳐 보이는 표정의 양현교는 멀뚱하니 서서 그를 흘낏 보았을 뿐이었다. 양현교는 이내 연못과 나무로 시선을 돌렸다. 결국 그가 먼저 "들어가도 되겠소?"라고 말을 꺼냈다. 양현교는 마지못한 듯 그를 슬쩍 보곤 고개를 살짝 끄덕였다.

방 안엔 술상이 있었다. 잔이 두 개인 걸 보니 양현교가 그를 기다린 것은 분명했다. 양현교는 아무 말 하지 않고 술부터 따랐다. 맑은 청주였다. 너무 맑아 맛도 잘 느껴지지 않았다. 술을 서너 잔 주고받았지만 오가는 말은 한마디도 없었다. 갑자기 술잔을 내려놓은 양현교는 책상 옆에 기대 놓았던 거문고를 다리 위에 올리고 연주를 시작했다. 연주는 훌륭하지도, 미흡하지도 않았다. 솜씨 자체는 나쁘지 않았다. 다만 감흥이 일지 않았다. 기교만 있을 뿐 열정은 없었다. 생동감이라곤 전혀 없었다. 그는 술 한 잔을 더 비우곤 예의상 고개를 끄덕이며 주위를 살폈다. 방 안은 단출했다. 검하나, 향로 하나, 찻주전자 하나, 고서화 두루마리 하나, 바둑판 하나, 염소 가죽으로 만든 안석 하나가 보였다. 양현교는 다시 거문고를 책상 옆에 기대 놓고는 드디어 입을 열었다.

"좀 기대도 되겠습니까?"

양현교는 그가 고개를 끄덕이기도 전에 안석에 몸을 맡겼다. 양현교의 시선은 밖을 향했다. 무심하고 나른한 시선이었다. 그는 더 참지 못하고 질문을 던졌다.

"날도 좋은데 하루 종일 이 방에서 무얼 하오?"

양현교는 천천히 입을 열었다. 귀찮지만 어쩔 수 없이 대답한다는 느낌이었다. 그동안에도 시선은 그가 아닌 밖을 향했다.

"거문고를 연주합니다. 지겨워지면 검을 만집니다. 지겨워지면 술이나 차를 마십니다. 지겨워지면 고서화를 펼쳐 봅니다. 지겨워지면 오래된 기보를 따라 바둑돌을 놓습니다. 그쯤 되면 하품이 쏟아지고 눈꺼풀이 무거워집니다. 그러면……."

양현교는 그 자리에 벌렁 드러누웠다. 그러고는 곧바로 잠이 들었다. 나지막하게 코 고는 소리가 들렸다. 그는 당황했다. 많은 이들을 만나 봤지만 양현교 같은 인물은 처음이었다. 홀로 남은 그는 잠깐 망설였다. 그러다 그 자리에 벌렁 드러누웠다. 눈을 감았다. 편안했다. 남의 집 같지가 않았다. 그는 잠이 들었다.

닭 우는 소리에 깜짝 놀라 눈을 떴다. 밖은 밝았다. 워낙 고즈넉한 동네라 닭이 때를 착각한 것이었다. 안석에 기대 밖을 보던 양현교가 그에게로 시선을 돌렸다. 그는 몸을 일으켜 앉고는 곧바로 입을 열었다.

"이 집에 이름이 있소?"

"그냥 집이지요."

"어울릴 만한 이름이 하나 있소. 말해도 되겠소?"

양현교는 대답도 귀찮다는 듯 고개만 살짝 까딱했다.

"주영렴수재(晝永簾垂齋)라 하고 싶소. 긴 낮 동안 발을 드리운 집이라는 뜻이오. 어떻소?"

양현교는 바둑판을 어루만지며 무미건조한 어조로 한마디를 던졌다.

"소강절˚이로군요."

그는 약간 놀랐다. 양현교의 말대로 주영렴수재는 소강절의 시에서 따온 이름이었다. 선천역학의 대가 소강절을 주저 없이 입에 올린 양현교가 도대체 어떤 인물인지 새삼 궁금해졌다.

양현교는 검은 돌을 하나 들어 삼삼˚에 놓았다. 삼삼이라. 흔치 않은 수였다. 그는 바둑판을 살피다가 흰 돌을 들어 화점˚에 놓았다. 양현교가 흐흠, 소리를 내더니 고개를 살짝 숙이고 바둑판을 보았다. 그때, 와르르 바람이 불었다. 풍경이 소리를 짜냈다. 꽃잎이 공중 부양하듯 날아올랐을 테고, 연못의 물도 살짝 몸을 흔들었을 것이다. 바람, 풍경, 꽃잎, 연못, 세상. 그것들은 지금의 그에게 멀게만 느껴졌다. 양현교의 방 안에서 바둑을 두고 있는 그에게는 열아홉 줄 바둑판이 세상의 전부처럼 느껴졌다.

• 소강절(邵康節) 중국 북송의 유학자. 『주역』에 기초한 신비적 우주관과 자연 철학을 제창했다.
• 삼삼(三三) 바둑판의 가로세로 각각 제3선이 만나는 네 귀의 점.
• 화점(花點) 바둑판에 표시되어 있는 아홉 개의 검은 점.

20

이야기를 마친 선생은 양현교를 따라 하듯 침대에 몸을 비스듬히 기댔다. 선생은 아무 말도 하지 않았다. 그렇다고 잠든 것도 아니었다. 선생은 눈을 크게 뜨고 입을 벌린 채 천장을 올려다보았다. 힐끗 본 내 눈에 선생의 입 속 측절치 자리에 생긴 빈 공간이 들어왔다. 왠지 처음보다 커진 느낌이 들었다. 생명체도 아닌 구멍이 자랐을 리는 없을 터. 그냥, 내 느낌이 그랬다는 것이다. 선생의 침묵은 제법 길었다. 그래서 나는 다른 생각을 했다. 어렸을 때 텔레비전에서 보았던 미국 드라마 한 편을 떠올렸다.

우주를 탐험하던 엔터프라이즈호는 미지의 별에 착륙한다. 선장은 선발대로 몇 명을 뽑아 보낸다. 그들에게서 연락이 온다. 이

별은 천국이라고. 그러나 연락은 그것으로 끝이다. 선장은 다른 대원들을 이끌고 밖으로 나간다. 얼마간 헤매다 선발대를 발견한다. 그들은 썩은 나무에 기대앉아 있다. 약물에라도 취한 듯한 멍한 표정으로. 그들은 선장에게 말한다. 이 별은 천국이라고. 기분이 너무나 좋다고. 영원히 머무르고 싶다고. 선장이 이 별은 천국이 아니라고 말한다. 이 별은 생명을 갉아먹는 별이니 지체하지 말고 빠져나가야 한다고 말한다. 그 뒤의 내용은 잘 기억나지 않았다. 그렇긴 해도 계속 이어지는 드라마였던 만큼 충분히 예상할 수 있는 결말이었을 것이다. 약간의 다툼 내지 긴박한 상황이 벌어졌을 테지만 결국 모두들 무사히 엔터프라이즈호로 돌아왔을 것이다. 그리 중요하지 않은 등장인물 한둘이 희생됐을 수도 있지만 그래도 드라마가 계속되는 데는 아무 문제 없었을 것이다.

그 순간, 선생이 침묵을 깨고 질문을 던졌다.

"양현교는 참 묘한 사람이지?"

나는 아무 말도 하지 않았다. 답을 할 생각이 없었지만 이미 결론을 내놓고 하는 질문이니 답을 했더라도 결과는 마찬가지였을 것이다.

"아마 박지원은 양현교를 보고 묘한 기시감을 느꼈을 거야. 그 또한 꼭 양현교처럼 집 안에 틀어박혀 살았던 시절이 있었거든."

선생은 크로스백에서 종이를 꺼내 읽었다.

"집 안에 틀어박혀 조용히 지내니 아무 생각이 없어졌다. 가족이 보낸 편지를 받으면 '잘 있습니다.'라는 구절만 읽고 치워 두었다. 날이 갈수록 점점 더 게을러졌다. 세수도 하지 않았고, 망건도 쓰지 않았다. 경조사가 있어도 가지 않았고, 손님이 와도 입 한번 벙긋하지 않았다. 자다 깨면 책을 보았고, 책을 보다가 다시 잠들었다. 깨우는 사람이 없으면 하루 종일 잠만 자기도 했다. 가끔 글을 쓰기도 했다. 그러다 지겨우면 구라철사금*을 연주했다. 친구가 술이라도 보내오면 잔뜩 취해 글 한 편 뚝딱 짓곤 허허 웃었다."

선생은 종이를 집어넣곤 박지원처럼 허허 웃으며 말했다.

"어떠냐? 정말 양현교랑 비슷하지? 자다 책 보고, 책 보다가 자고. 바쁜 세상을 살아가는 요즘 사람들이 너도나도 꿈꾸는 그런 생활이지?"

선생은 낮은 한숨을 쉬었다. 나는 벌떡 일어나서 창가로 갔다. 거리는 여느 때와 다름없이 조용했다. 건물들은 멀쩡했고, 차들은 달렸고, 사람들은 핸드폰을 보며 걸었다. 개 한 마리도 고개를 들어 나를 보지 않았다.

나는 몸을 돌려 책상에서 연필 한 자루를 집었다. 손가락 끝으로 이리저리 돌리다가 창밖으로 던졌다. 4층에서 투신한 연필은 세상에 아무런 파도도 일으키지 못했다. 제법 분노를 한껏 담은 속도를 냈음에도 연필은 툭 소리 한번 제대로 내지 못하고 바닥에 떨어졌다. 건물들은 멀쩡했고, 차들은 달렸고, 사람들은 핸드폰을 보며

● **구라철사금** 채로 줄을 쳐서 소리를 내는 현악기. '양금'이라고도 한다.

걸었다. 누군가 연필을 발로 걷어찼다. 달리던 차가 연필을 산산조각 냈다. 그 뒤에도 차들은 달렸고, 사람들은 핸드폰을 보며 걸었다. 세상은 변함없이 흘렀고, 나는 그저 아까운 연필 한 자루만 잃었다.

가슴이 툭툭툭툭 뛰었다. 주먹을 쥐었다. 연필이 아까워서는 아니었다. 내겐 수십 자루의 연필이 더 남아 있으니. 원한다면 계속해서 연필을 밑으로 던질 수도 있었다. 제기랄. 그래 봤자 미친 짓일 뿐이다. 이게 다 선생 때문이다. 선생은 아무것도 모른다. 너도 나도 꿈꾸는 생활이라고? 거지 같은 소리 하고 있네. 사람이 방 안에 틀어박히는 데는 이유가 있다. 그 이유는 생각지도 않고 모두가 꿈꾸는 생활이니 뭐니 마음대로 떠들어 대는 건 광화문 광장에서 노숙하는 시위대 앞에서 '월드 피스'를 외치는 정신 나간 정치인 나부랭이와 다를 바 없다.

지금껏 나를 찾아왔던 어른들은 똑같았다. 모두들 나를 방에서 꺼내기 위해 열심과 진심을 다했다. 정작 내가 왜 방에 틀어박혔는지는 알지도 못하면서. 아니, 사실은 관심도 없었겠지. 선생은 내게 방에서 나오라고 하지 않는다. 오히려 반대다. 그럴 만한 이유도 없으면서 방에 틀어박히지 못해 안달하는 게 바로 선생이다. 방에 틀어박히는 게 꿈인 양 떠들어 대는 게 바로 선생이다. 제기랄. 선생은 루저다. 이빨은 없고, 냄새는 지독하고, 머리는 허옇게 세고, 몸집은 과식한 스모 선수 같은 루저 중의 루저. 루저 주제에 체

게바라라도 되는 양 꿈이니 뭐니 헛소리를 지껄이는 걸 보는 것도 신물이 났다. 다 똑같다. 다 지겹다. 개소리들의 무한 반복이다. 남한테 간섭하기 전에 자기 꼴이나 좀 살필 노릇이다. 나는 돌아서서 선생의 눈을 똑바로 보며 쏘아붙였다.

"고시원에 틀어박혀 사는 걸 보니 꿈은 이루셨네요. 그런데 사모님은 어디로 도망갔어요?"

선생은 침대에서 꿈쩍도 하지 않았다. 그러나 내 말을 들은 것이 분명했다. 몇 초 뒤, 선생은 침대에서 벌떡 일어나 곧바로 내게 다가왔다. 선생의 거대한 몸집에 놀란 방이 지진이라도 일어난 듯이 마구 흔들렸다. 내 머릿속도 따라서 흔들렸다. 나는 두 발에 힘을 주고 주먹을 쥐었다. 선생의 공격에 맞서기 위해 온몸의 기를 주먹에 모았다.

"밖을 좀 봐도 되겠니? 고시원 방엔 창문이 없어서."

나는 슬금슬금 옆으로 물러나 방문 앞으로 자리를 옮겼고, 선생은 창문 앞에 섰다. 선생이 밖을 보는 동안 나는 선생의 머리카락을 보았다. 노인처럼 허옇게 센 머리카락은 햇빛을 받아 밝게 빛났다. 뜬금없이 아름답다는 생각이 들었다. 선생이 혼잣말을 했다.

"밖은 참 평화롭네. 아무 일도 없는 것처럼."

선생은 말을 끝내자마자 돌아섰고 나는 재빨리 고개를 숙였다. 선생은 입을 크게 벌리고 깊은 한숨을 뱉었다. 한꺼번에 몰려온 선생의 냄새에 나는 고개를 살짝 돌렸다. 선생은 지친 거인처럼 걸음을 옮겼다. 문을 열고 밖으로 나가려다 멈칫하더니 돌아서서는 이렇게 말했다.

"네가 한 질문, 그거 참 좋은 질문이야. 당연히 했어야 할 질문이지. 그런데…… 그 질문에 답하려면…… 시간이 좀 필요할 것 같구나."

선생이 나간 후 나는 걸레를 집어 들었다. 침대를 박박 문지르고 책상을 닦고 바닥을 훔쳤다. 더러운 걸레를 세탁기 옆에 집어 던지고는 주먹으로 내 머리를 마구 때렸다. 머리가 아팠다. 손이 아팠다. 축축한 기운이 느껴지는 걸 보면 오른손에서 다시 피가 흐르기 시작한 게 분명했다.

21
몸을 보존하는 집 이야기[11]

양현교를 만난 다음 날 아침 양직이 찾아왔다. 소감을 물으리라 짐작했다. 그러고는 곧장 예의 대나무 언덕으로 넘어가리라 짐작했다. 그러나 양직은 그의 예상을 완전히 빗나가게 만들었다. 양현교며 대나무 언덕은 아예 언급하지도 않았던 것. 그렇다면 무슨 이야기를 했나? 난데없이 진사 장중거를 입에 담았다.

장중거라면 그도 잘 알았다. 개성 사람으로서는 드물게 기골이 장대하고 성격이 호방한 데다 술을 무척 좋아했다. 그와는 제법 죽이 잘 맞는 구석이 있어 두세 차례 만나 이야기를 나누고 함께 술도 마셨다.

"장중거한테 무슨 문제라도 있소?"

"집에 틀어박히겠답니다. 밖으로는 한 발짝도 나오지 않겠다는군요."

이건 또 무슨 소리인가? 다른 사람도 아닌 장중거가 양현교 같은 결정을 내리리라곤 생각도 못 했다. 양직은 궁금해하는 그에게 저간의 사정을 고급 무관처럼 절도 있게 요약해서 들려주었다.

장중거는 기골이 장대하고 성격이 호방한 사람이 대개 그렇듯 사소한 범절에 얽매이길 싫어했다. 그런 이들의 또 다른 공통점이 그에게도 있었다. 취하면 말실수가 잦았다. 그를 잘 아는 친구들이야 실수 따위는 책하지 않고 너그럽게 받아 주었지만 세상엔 그러지 않는 이들이 더 많았다. 개중에는 장중거를 관아에 고발해 본때를 보이겠다고 벼르는 자들까지 있었다. 장중거는 집안사람에게서 이야기를 전해 듣고서야 상황이 꽤 심각하다는 사실을 깨달았다. 장중거는 진사였다. 진사가 구설수에 오르다니, 부끄러웠다. 그는 어떻게 해야 구설수를 피할 수 있을지 곰곰 생각했다.

사람들과 어울려 술을 먹기만 하면 정신을 차리지 못하고 문제를 일으키니 고민하고 또 고민해 봐도 방법은 오직 하나뿐이었다. 집에 틀어박히는 것. 고민은 짧고 실천은 빠른 이가 바로 장중거였다. 장중거는 방을 깨끗이 쓸고 문을 닫고 발을 내린 다음, '이존(以存)'이라 크게 써서 벽에 걸었다. "용과 뱀이 칩거하는 것은 몸을 보존하기 위함이다."라는 『주역』의 문장에서 뜻을 취한 것이

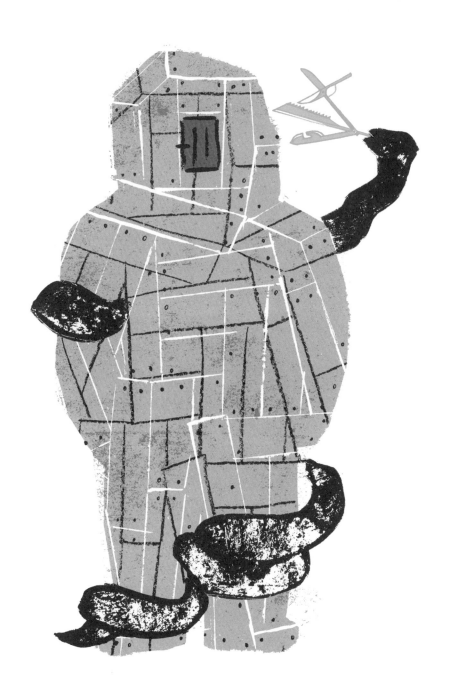

다. 술꾼들이 찾아오면 장중거는 이렇게 말하며 물리쳤다.

"물러들 가게. 나는 칩거하는 용과 뱀이 되어 몸을 보존할 테니."

양직에게서 사정을 전해 들은 그는 장중거의 집을 찾았다. 집 앞에 서서 "중거, 중거." 하고 불렀다. 장중거가 발을 걷고 모습을 드러냈다. 장중거는 그를 보자마자 손사래부터 쳤다.

"양직한테서 이야기 못 들었소? 나는 더 이상 술 따위는 마시지 않을 거요."

"그냥 이야기나 하러 온 거라네."

장중거는 마지못해 고개를 끄덕이곤 그를 안으로 들였다. 방 안에 앉은 후에도 장중거는 긴장을 풀지 않았다. 술대접을 안 하는 것이야 그렇다 쳐도 차 한잔 권하지 않았다. 팔짱 끼고 입을 굳게 다문 형색이 그를 반드시 물리쳐야 할 적으로 여기는 꼴이었다. 그는 허허 웃으며 말했다.

"나는 그대의 몸을 그대의 귓구멍이나 눈구멍 속에 넣을 수 있다네."

장중거는 그를 노려보다가 팔짱을 풀고 수염을 만지작거렸다.

"도대체 그게 무슨 소리요?"

"천지가 크고 사해가 넓다지만 귓구멍이나 눈구멍보다 크고 넓은 곳은 없다네. 어떤가? 귓구멍과 눈구멍 속에 숨는 법을 한번 들어 보겠는가?"

"계속 이야기해 보오."

"이 세상에서 올바른 일을 행하며 다른 사람들과 더불어 살아가기 위해 반드시 지켜야 할 법이 있으니, 그게 바로 예법이라네. 예법에 어긋난 것을 눈으로 접하지 않으면 다른 사람들의 질시를 피할 수 있네. 예법에 어긋난 것을 귀로 듣지 않는다면 자네 귀에다 소문을 전하는 이는 사라질 거네. 입 또한 마찬가지. 예법에 어긋난 것을 입에 담지 않는다면 남들이 자네를 씹어 대는 일은 없을 걸세."

"……계속 이야기해 보오."

"마음은 눈과 귀와 입보다 크고 넓다네. 예법에 어긋난 것을 접해도 마음이 흔들리지 않는다면 어딜 가든 몸을 보존할 수 있다는 뜻이지. 굳이 칩거할 필요는 없다는 뜻이야. 내 말 알겠는가?"

장중거는 고개를 크게 끄덕이곤 그의 손을 잡았다.

"이왕 틀어박히려면 집이 아닌 마음에 틀어박히라는 뜻이군. 그게 몸을 보존하는 진짜 방법이라는 뜻이군. 좋네, 아주 좋네. 지금 들려준 이야기를 글로 써 주게. 내 벽에 붙여 놓고 그 글을 보며 매일매일 반성하겠네."

그는 허허 웃었다. 장중거는 진사답게 한 마디 하면 두 마디를 알아들었다. 도통 설득이 안 되는 양직, 말조차 꺼내지 못하게 만드는 양현교와는 사뭇 달랐다. 모처럼 자신의 말이 완벽하게 먹혀

들어서 뿌듯하기까지 했다. 공부한 사람은 역시 달라, 하고 속으로 중얼거렸다. 그러나 웬걸, 장중거는 불현듯 고개를 갸웃하더니 그에게 물었다.

"그런데 자네는 왜 개성에 머무는 건가?"

뜻밖의 반격에 그는 땅 위에 놓인 멍텅구리[•]처럼 입만 뻐끔거렸다. 장중거는 입을 벌리고도 말을 하지 못하는 그에게 마지막 작살을 꽂았다.

"자네 말대로 마음에 틀어박혀 몸을 보존할 수 있다면 몸이야 어디에 있든 두려운 게 없을 터. 그런데 왜 자네는 서울에 머물지 않고 여기 개성까지 쫓겨 왔나, 이 말일세."

• 멍텅구리 도칫과의 바닷물고기인 뚝지를 이르는 다른 말.

22

이야기를 마친 선생은 눈을 감았고 잠시 후엔 가볍게 코를 골았다. 선생은 여전히 불편한 자세로 잠을 잤다. 침대에 등을 기댄 채 손을 모으고 다리를 포갰다. 나는 선생이 남다른 자세로 잠을 자는 이유를 안다. 고시원 때문이다. 발도 쭉 뻗을 수 없는 좁은 고시원에서 벽에 등을 대고 손을 모으고 다리를 포갠 채 텔레비전을 보다 잠이 들기 때문이다. 선생에게서 고개를 돌린 나는 습관적으로 책상 서랍에 손을 댔다. 열지는 않았다. 서랍 안에 아무것도 없다는 사실을 곧바로 깨달았기 때문이다.

나는 잠깐 망설인 후 그 자리에 드러누웠다. 팔베개를 하곤 천장을 바라보며 지난 사흘을 생각했다. 선생이 오지 않았던 지난 사흘을 생각했다. 사흘은 긴 기간이 아니다. 예수 그리스도가 아닌 이상 일어날 수 있는 일은 한정되어 있다. 다만 지난 사흘은 달랐다. 사흘치곤 꽤 많은, 그리고 꽤 중요한(부활에 비교할 수는 없겠지만) 일들이 있었다.

선생이 처음으로 오지 않았던 그날 밤, 나는 외출을 했다. 멀리 가지는 않았다. 비석 무덤까지만 갔다. 움직인 거리는 짧았지만 외출 시간은 길었다. 나는 비석 무덤에서만 세 시간 가까이 머물렀다. 비석 무덤은 전혀 지루하지 않았다. 내가 좋아하는 바람이 살짝살짝 불어올 때마다 나뭇잎들은 와르르 쏟아졌고, 비석들은 조금씩 흔들렸다. 사람들 걸어가는 소리에도, 차 달려가는 소리에도 비석들은 흔들렸다. 비석들마다 흔들리는 정도는 제각각이었다. 큰 비석은 작은 비석보다 조금 더 흔들렸다. 길쭉한 비석은 넓적한 비석보다 조금 더 흔들렸다. 바람과 나뭇잎과 소리와 인적 등에 따라 흔들리는 정도가 다 다른 비석들을 보는 건 전혀 지루하지 않았다. 마음만 먹으면 하루 종일이라도 지켜볼 수 있었다. 그러나 그럴 필요까지는 없었다. 내게 남은 밤은 많고 비석 무덤은 세상이 전부 무너져도 여전히 제자리를 지킬 것이므로. 그래서 나는 세 시간만 머물고 집으로 돌아왔다.

선생이 이틀째 오지 않았던 그다음 날 밤, 나는 외출을 했다. 나는 검은 비닐봉지 하나를 들고 기존의 경로를 따라 걸었다. 거리 끝에서 잠깐 멈추어 옛 거리 초입의 2층 벽돌집을 보았다. 불이 다

꺼진 걸 보니 집 안엔 아무도 없는 것이 분명했다. 나는 2층 벽돌집 대문 앞으로 걸어가 쪼그리고 앉았다. 내내 들고 걸었던 비닐봉지를 확 뒤집었다. 봉투들이 길바닥으로 '우당탕' 요란하게 쏟아졌다. 봉투 하나를 손에 들곤 한 번, 두 번, 세 번 찢었다. 봉투는 찍찍찍 쥐 소리를 냈다. 찢은 봉투는 다시 비닐봉지 안에 던져 넣었다. 나머지 봉투들도 비슷한 방법으로 처리했다. 어떤 봉투는 한 번만 찢고, 어떤 봉투는 두 번을 찢고, 어떤 봉투는 세 번을 찢고, 어떤 봉투는 네 번, 다섯 번, 여섯 번, 일곱 번을 찢었다. 찍, 찍찍, 찍찍찍, 찍찍찍찍, 찍찍찍찍찍, 찍찍찍찍찍찍, 찍찍찍찍찍찍찍. 쥐 소리가 이어졌다.

나는 주먹으로 봉투를 눌러 울음을 그치게 했다. 아, 봉투를 찢는 데 특별한 원칙이 있었던 건 아니다. 잭슨 폴록˙이 때론 세게, 때론 약하게 물감을 뿌리듯 그냥 기분 내키는 대로 찢었을 뿐이다. 쥐 울음을 동반한 폭력의 결과물은 풍성했다. 나는 원래보다 두 배는 불룩해진 비닐봉지 끝을 꽉 묶었다. 잘 묶였는지 확인하기 위해, 혹시 남아 있을지 모를 울음을 잠재우기 위해 주먹으로 툭툭 건드려 보았다. 이상 없었다. 튼튼했다. 슬픈 쥐는 이미 겁을 먹고 내뺀 뒤라 더 이상 울음소리도 없었다.

나는 잘 묶인 비닐봉지를 들고 2층 벽돌집을 노려보았다. 2층 창

● 잭슨 폴록(Jackson Pollock) 미국의 추상 표현주의 화가. 캔버스 위로 물감을 끼얹고 튀기는 등 몸 전체로 그림을 그리는 '액션 페인팅'을 선보였다.

문을 목표로 해 대문 너머로 던졌다. 툭. 비닐봉지는 2층 근처에도 가지 못했다. 아쉬웠다. 하지만 절망할 일은 아니다. 어차피 나는 이제 운동선수도 아니다. 게다가 비닐봉지가 바람에 날아가지 않고 집 안에 있는 한 누군가는 열어 볼 테니. 정체 모를 검정 비닐봉지가 꺼림칙하다면 그대로 쓰레기통에 넣어 버릴 테니.

선생이 사흘째 오지 않았던 그다음 날 오후, 엄마가 알토 파트장의 목소리로 내 이름을 불렀다. "미노야, 미노야." 엄마가 문 앞에서 낮은 목소리로 내 이름을 반복해서 불렀다. "미노야, 미노야." 엄마는 육 초 정도 기다렸다가 문을 열었다. 고시원에서 청소하고 있어야 할 엄마가 왜 집에 온 것인지 궁금했다. 그러나 나는 묻지 않았다. 침대에 누워 있던 나는 읽고 있던 만화책에서 눈도 떼지 않았다. 이미 몇십 번을 읽은 만화책이지만 예기치 못한 시간에 찾아온 엄마와 대면하는 것보다는 나았다.

엄마는 내 의자에 털썩 주저앉았다. 서 있기가 너무 힘겨웠던 사람처럼 말 그대로 털썩 주저앉았다. 그 소리가 너무 무겁고 불안해서 나는 할 수 없이 만화책을 내려놓았다. 엄마를 쳐다보지는 않았다. 그 대신 엄마가 들어온 방문을 바라보았다. 엄마가 밥은 먹었느냐고 물었지만 나는 대답하지 않았다. 어차피 의미 없는 질문이었다. 엄마는 내 방에 들어오기 전에 전기밥솥을 열어 보았을 것이다. 밥이 약간이나마 줄어든 것을 두 눈으로 분명히 확인했을 것이다.

엄마는 선생 이야기를 꺼냈다. 선생이 사흘 동안 고시원에서 한 발짝도 나가지 않았다는 소식을 전했다. 무슨 일이 있었느냐고 물어도 고개만 저으며 묵묵부답으로 일관한다는 소식을 전했다. 엄마가 내게 물었다. 선생과의 사이에 무슨 일이 있었느냐고. 나는 대답하지 않았다. 엄마가 한 번 더 묻기에 마지못해 고개만 살짝 저었다. 엄마는 내 고갯짓이 아무 일도 없었다는 뜻인지, 더 이상 묻지 말라는 뜻인지 잘 모르겠다고 했다. 조금 짜증이 났다. 나는 침묵으로 맞서곤 다시 만화책을 집어 들었다.

의자에서 몸을 일으킨 엄마는 내게 다가와 만화책을 뺏더니 바닥에 던졌다. 늙은 만화책이 비명을 질렀다. 그 고통이 내 몸까지 전달되었다. 아버지가 그랬다면 당장 달려들었을 것이다. 엄마였기에 나는 입술만 깨물고 다가올 시간을 대비했다. 아, 다음 순서는 정해져 있는 셈이었다. 엄마는 다시 의자에 털썩 주저앉아 울음을 터뜨렸다. 엄마는 일일 드라마의 여주인공처럼 펑펑 울면서 선생한테는 그래선 안 된다고 했다. 선생은 나보다도 아픈 사람이니 절대로 선생한테는 그래선 안 된다고 했다.

나는 엄마의 말을 들으며 생각했다. 내가 한 일이 도대체 무엇인가? 내가 선생한테 했던 나쁜 말, 부인과 고시원에 관한 나쁜 말을 가리키는 건가? 엄마가 그 말을 알 리는 없다. 엄마는 분명 선생이 묵묵부답으로 일관한다 했으므로. 그렇다면 엄마는 추측을 한 것뿐이다. 다른 어른들이 나에게 질려 쫓기듯 떠난 것처럼 선생 또한 그랬으리라 추측을 한 것뿐이다. 여태껏 그랬듯 어른들이 아닌 내게 책임을 돌리는 것이다. 엄마는 한참을 울다 일어섰다. 문을 열고 밖으로 나가며 마지막으로 한마디를 보탰다. 엄마가 한 말을 그대로 옮기기는 싫다. 이젠 엄마도 지쳤다는 그런 종류의 말이었다. 들을 때마다 나를 절망하게 했던, 그런 종류의 뻔한 말이었다.

그날 밤 나는 외출을 했다. 비석 무덤에 들르지 않고 곧장 고시원으로 갔다. 건물 앞에 이르러서 걸음을 멈추었다. 나는 고개를 들어 3층의 고시원을 보았다. 나는 선생의 이야기에 등장한 장중거와 정반대 유형의 사람이다. 장중거는 고민은 짧게 하고 실천은 빠르게 했지만, 나는 고민도 길었고 실천도 느렸다. 호방과도 거리가 멀어서 별것도 아닌 일에 한참 생각하고 한참 망설였다. 건물 앞까지 와서 주저하는 스스로가 부끄러웠다. 선생 따위에 고민하는 내가 미웠다. 주먹을 꽉 쥐고 이를 악문 다음 건물 안으로 들어갔다.

고시원 문은 살짝 열려 있었다. 열린 문을 보니 가슴이 툭툭툭툭 뛰었다. 고시원에서 제일 먼저 마주친 사람은 아버지였다. 카운터에 앉아 텔레비전으로 야구를 보던 아버지는 고개를 들어 나를 보았다. 아버지는 야동이라도 보다가 들킨 사람처럼 당혹스러워하는 표정을 지었다. 아버지는 텔레비전을 끈 후 사무적인 목소리로 웬일이냐고 물었고 나는 아무 말도 하지 않았다. 아버지는 얼굴을 살짝 찡그리고는 23호실로 가 보라고 했다. 나는 아무 말도 하지 않았는데, 아버지는 내가 온 이유를 아는 것처럼 23호실로 가 보라고 했다. 아버지는 더 할 말이 있는 듯이 입을 열었지만 이내 다시 다물었다. 나는 몸을 돌려 고시원 내부로 향했다.

안에서 누군가가 나왔다. 핸드폰을 들여다보느라 고개를 숙인 채 내 옆을 스쳐 가는 그 남자에게서 선생의 냄새가 났다. 삐쩍 마른 몸매로 보아 선생은 아니었다. 그 순간 나는 달마처럼 깨달음을 얻었다. 그러니까 선생의 냄새는 선생만의 것이 아니었다. 엄마가 했던 말들이 생각났다.

고시원에 나간 지 며칠 안 되었을 무렵의 어느 날 엄마는 피아노를 쳤다. 평소보다 훨씬 오랫동안 낡은 삼익 피아노를 친 엄마는 낮은 목소리로 조용히 내 이름을 부르고 방에 들어와선 이 이야기, 저 이야기를 늘어놓았다. 시장 상인처럼 이런저런 화제를 두서없이 풀어 놓았지만 엄마가 하고 싶었던 이야기는 결국 고시원에 대한 것이었다. 재수 없게도 고시원엔 44개의 방이 있다고 했다. 그런데도 빈방은 거의 없다고 했다. 다른 고시원보다 시설이 훨씬 허름하지만 값은 절반밖에 되지 않기 때문에 빈방은 거의 없다고 했다. 그래서 더럽다고 했다. 값싼 곳엔 값싼 사람들밖에 오지 않기 때문에 다른 고시원보다 훨씬 더럽다고 했다. 엄마가 죽어라 청소를 해도 아무 소용이 없다고 했다. 그렇다고 청소를 안 할 수도 없는 노릇이었다. 사실 엄마에게 더러운 고시원보다 참기 힘든 건 고시원에 머무는 사람들이었다. 청소할 때도 비참함을 느끼지만 이상한 냄새를 팍팍 풍기며 무기력한 표정을 무기인 양 달고 다니는 이들을 마주치면 더 큰 비참함을 느낀다고 했다.

엄마는 많은 말들을 쏟아 냈지만 그것들은 수식어에 가까웠다. 엄마는 전략가였다. 마지막 한마디를 위해 수많은 말들을 차곡차곡 쌓은 것이었다. 엄마는 방을 나가기 전 이렇게 말했다. "한 발짝만 잘못 내디디면 그 사람들처럼 될까 봐 정말로 무서워."

엄마의 말은 사실이었다. 고시원 안쪽으로 갈수록 냄새는 더 심해졌다. 마치 중앙에서 악취를 풍기는 장치라도 가동시키고 있는 것처럼. 에어컨 대신 시체를 세워 놓기라도 한 것처럼. 나는 숨을 참고 걷다가 23호실 앞에 도착해서야 숨을 토해 냈다. 소용없는 짓이었다. 냄새는 곧바로 내 몸의 모든 구멍으로 파고들었다. 왠지 부끄럽고 고통스러웠다. 울고 싶었다. 꾹 참았다. 견디기로 했다. 나는 23호실의 기척에 온 정신을 집중했다. 안에서 텔레비전 소리가 났다. 선풍기 돌아가는 소리도 들렸다.

나는 아버지처럼 문을 두드렸다. 처음엔 가볍게 똑똑, 그다음엔 2.33배 묵직하게 똑똑. 문은 열리지 않았다. 예, 하고 대답하는 선생의 목소리만 들렸다. 나는 문을 열었다. 민트 향이 한꺼번에 쏟아져 오는 바람에 깜짝 놀랐다. 벽에 등을 대고 텔레비전을 보던 선생은 고개만 돌렸다. 선생은 나를 보고 허허 웃었다. 감정의 과장 없이 그저 들어오라는 의사만 내보이는 선생의 밋밋한 손짓에 나는 잠깐 망설였다. 방은 내 생각보다도 훨씬 좁았다. 선생은 방에 틀어박힌 게 아니라 방의 부속 같았다. 방 자체가 정교한 조립품이어서 조금이라도 어긋나면 와르르 무너질 것 같았다. 선생이 뿜어내는 냄새 또한 대단했다. 선생이 바른 민트 향 로션은 냄새를 더 악화시켰다. 선생은 몸을 살짝 움직여 다시 한 번 손짓을 했다. 연암협의 그 남자처럼 내게도 다른 길은 없었다. 나는 안으로 들어간 후 문을 닫았다.

선생은 텔레비전만 보았다. 내가 왔다는 사실을 잊어버린 사람처럼. 개그 프로그램이었다.(나는 야구 말고 다른 프로그램은 보지 않는다. 야구도 절대 끝까지 보지 않는다. 이기고 지는 것엔 하나도 관심이 없다. 그저 공을 치고, 공을 받고, 달리고, 구르는 것만 볼 뿐이다.) 이제는 이름도 가물가물한 뚱뚱한 개그맨이 손에 고기 한 점을 들고 노래 부르는 모습이 무척이나 신기했다. 방청객들이 노래를 따라 부르자 개그맨은 놀라는 표정을 지었고, 그 표정에 방청객들이 큰 소리로 웃었다. 개그맨이 고기를 입 안에 넣자 방청객들은 더 크게 웃었다. 선생은 웃지 않았다. 나도 웃지 않았다. 웃기지 않았기 때문이다. 사람들이 왜 웃는 건지 짐작할 수조차 없었다. 선생은 개그 프로그램을 뉴스 보듯 심각한 얼굴로 시청했다. 개그맨이 인사를 하고 퇴장하자 선생은 텔레비전을 껐다.

방 안은 갑자기 조용해졌다. 하지만 완전한 침묵에 빠져들지는 않았다. 다른 방에서 틀어 놓은 텔레비전 소리가 얇은 벽을 통해 들려왔기 때문이다. 마흔네 개의 방은 완전한 독립을 보장하지는 않았다. 그렇게 따지면 사람들은 각자의 작은 방에 틀어박힌 게 아니라 고시원이라는 하나의 거대한 방에 틀어박힌 셈이었다. 고시원에 틀어박힌 사람들이 냄새를 공유하는 건 바로 그 때문인지도 모르겠다는 생각이 들었다. 마흔네 명이 틀어박힌, 쓰레기차처럼 거대하고 냄새나는 방.

선생이 마침내 입을 열었다. 몇 마디 하지는 않았다. 짧지만 중요한 말을 했다. 자신의 아내는 이 년 전에 '사고'로 죽었으며, 그 며칠 후 이빨 하나가—전문가들이 상악 우측 측절치라 부르는—거짓말처럼 쑥 빠졌다는 말을 했다. 평소와 비교해 어조엔 변함이 없었다. 아내의 사고에 방점이 찍힌 것인지, 빠진 이빨에 방점이 찍힌 것인지 잘 구분이 되지 않았다. 선생은 잠깐 멈췄다가 말을 이었다. 축제에라도 참석한 것처럼 집 안에 틀어박혀 밤낮으로 먹고 마시기를 반복했더니 몸은 비대해지고 정신은 산란해졌다고 했다. 선생의 말은 그게 전부였다.

머리를 굴려 의미를 추측했다. 선생은 자기식으로 내 질문에 답한 것이다. 대답은 온전하지 않았다. 선생은 내 질문을 제대로 기억하지 못하는 게 분명했다. 선생은 부인 이야기만 했다. 왜 이 년이 지난 후에야 고시원에 틀어박힌 건지는 설명하지 않았다. 몸이 비대해지고 정신이 산란해진 것과 이제 와서 고시원에 틀어박힌 것 사이에는 아무런 관계가 없었다. 물론 선생이 내 질문에 성실히 답해야 할 의무도 없다. 그래서 나는 아무 말도 하지 않았다.

선생은 허허 웃으며 쓸데없는 소리를 해서 미안하다고 했다. 선생이 미안해할 이유가 없기에 나는 아무 말도 하지 않았다. 선생은 '이야기 선생'의 이야기를 더 듣고 싶으냐고 물었다. 나는 고개를 살짝 끄덕이고 자리에서 일어났다. 부족하나마 원하던 대답 비슷한 것을 들었으니 더 머물 이유는 없었다. 나오기 전에 벽을 보았다. 벽엔, 파리 죽은 자국 말고는 아무것도 없었다.

23

이성우, 빨리 나와. W의 목소리가 들렸다. 고등학교 교복을 입은 W가 밖에서 내 이름을 불렀다. 지금 나간다니까, 하고 목청 높여 외치고는 벌떡 몸을 일으켰다. 냄새가 확 몰려왔다. 선생이 나를 보며 허허 웃었다.

"불편한 자세로도 참 잘 자더라. 팔 안 저리냐?"

팔이 찌릿찌릿 저리기는 했다. 그러나 아픔보다는 부끄러움이 컸다. 선생이 내 잠꼬대를 들었을까? 나는 아무 말 하지 않고 의자에 앉았다. W의 목소리가 아직도 귓가에 생생하게 맴돌았다. 이성우, 빨리 나와, 하는. 지금껏 수도 없이 들었으나 이토록 생생하기는 처음이었다. W는 검정 비닐봉지를 열어 보았을까? 놀랐을까?

실망했을까? 보관했을까? 버렸을까? 고개를 저었다. 이건 아니다. 버린 물건의 행방에 관심을 두는 것은 쓸데없는 짓이다. 호기심 천국일 거였으면 아예 버리지를 말았어야 했다.

"장중거라는 사람은 꽤 걸물이지?"

나는 아무 말도 하지 않았다. 선생은 혼자서 고개를 끄덕이고 말을 이었다.

"이 이야기엔 별로 토를 달게 없다. 못 알아들을 구석은 하나도 없으니까. 장중거의 말 그대로니까."

하지만 선생은 침대에서 일어나지 않았다. 할 말이 더 있는 게 분명했다. 이제 나도 그 정도는 알았다.

"이러면 어떨까? 사흘을 쉬었더니 입이 좀 근질근질하구나. 나도 모르게 이 일에 익숙해졌나 보다. 그래서 이야기를 하나 더 할까 하는데 괜찮겠니?"

선생의 목소리에 다른 목소리가 겹쳐서 들렸다. 이성우, 빨리 나와, 하는. 이성우, 이성우, 빨리, 빨리, 나와, 나와. 제기랄. 또 시작이다. 방에 틀어박힌 첫 달에 수도 없이 들렸던 소리. 나도 모르게 밖을 내다보게 만들었던 소리. 개 한 마리조차 고개 들어 나를 보지 않는다는 사실을 확인하게 했던 소리. 내가 드디어 세상에 홀로 남았음을 통감하게 했던 소리. 개 같은 소리. 삼 개월 혹은 육 개월 주기로 나를 찾아온 소리. 나를 미치게 했던 소리. 물건들을 내던지게 했던 소리. 개 같은 소리. 나를 절규하게 했던 소리. 엄마를 가슴 아프게 했던 소리. 아버지라는 인간을 화나게 했던 소리. 개 같은 소리. 멍청한 소리. 결국은 나를 울린 소리.

선생의 제안에 나는 침대와 문 사이를 보며 아주 살짝 고개를 끄덕였다.

24
비명횡사한 이몽직 이야기[12]

양직이 찾아왔다. 양직은 그를 보자마자 씩 웃으며 놀러 나가자고 했다. 안 그래도 심란하던 차였다. 양현교와 장중거를 차례로 만난 후 위아래로 크게 흔들리는 마음을 다잡지 못하고 있었다. 그는 사람들이 북적이는 곳은 싫다고 했고 양직은 자신 또한 그럴 마음은 없다고 했다. 양직은 선산˚에 갈 생각이었다. 선산엔 사람 그림자도 없음을 보증할 수 있다고 했다. 그는 또다시 멍텅구리처럼 입을 벌리고 양직을 보았다. 그러고 보면 양직 역시 보통 사람은 아니었다. 놀러 갈 장소로 선산을 떠올릴 사람은 양직 말고는 없을 터였다. 생각해 보니 나쁘지 않았다. 질서 정연한 무덤들은

● 선산(先山) 조상의 무덤이 있는 산.

보는 이의 마음을 차분하게 한다. 죽은 자들의 미덕인 셈이다. 결국 양직의 터무니없는 제안이 그의 엉덩이를 슬며시 들어 올렸다.

　일은 둘이 집을 나선 지 얼마 되지 않아 일어났다. 갑자기 검은 말 한 마리가 길 가운데로 뛰어드는 바람에 둘은 깜짝 놀랐다. 말은 어찌어찌 피했으나 양직은 넘어져서 무릎을 다쳤고, 그는 이마를 벽에 부딪치는 바람에 피를 흘렸다. 양직은 재빨리 일어나 그에게 다가와서 상처부터 살폈다. 살짝 스치기만 해서 정말 다행이라고 말하곤 고개를 끄덕였다. 깊은 상처는 아니라는 뜻이었다. 말을 잡으려고 달려온 하인이 양직 앞에 무릎을 꿇었다. 양직은 저승사자 같은 얼굴을 하고 뒷짐을 졌다. 그는 한 걸음 물러나서 '개성의 실세' 양직이 하는 꼴을 지켜보았다. 양직은 딱 한마디만 할 뿐이었다.

　"우린 괜찮으니 말이나 찾게나."

　그는 양직의 집으로 갔다. 의원이 와서 둘을 살폈다. 양직의 말대로 큰 상처는 아니었다. 상처는 하루 이틀 지나면 깨끗이 아물거라 했다. 의원이 떠난 후 양직은 죽었다 산 것도 행운이라면 행운이니 축하주나 한잔하자고 했다. 그도 군말 없이 동의했다. 대나무 이파리 술을 마시며 방을 살폈다. 처음 왔을 때와 달랐다. '대나무 언덕'이라는 글씨가 부적처럼 사방에 붙어 있었다. 그에 대한 무언의 압력이 분명했다. 그는 속으로 변명의 말을 칼날처럼 날카롭게 다듬었다. 하지만 양직은 양직이었다. 양직은 '대나무 언덕' 이야기는 꺼내지도 않았다. 외려 엉뚱한 소리를 내뱉었다.

"옛날에 어떤 관상쟁이가 양반집 소실에게 소한테 받히지 않도록 조심하라고 말했답니다. 소실은 속으로 관상쟁이를 비웃었지요. 집 안에만 머무는 양반집 소실한테 소를 조심하라니, 망언도 그런 망언이 어디 있겠습니까? 며칠 후 소실은 귀이개로 귀를 후볐습니다. 그런데 갑자기 바람이 불어 방문이 확 열리는 바람에 깜짝 놀라 귀이개로 귀를 푹 찔러 버렸습니다. 소실은 그길로 죽고 말았답니다. 알고 보니 그 귀이개는 쇠뿔로 만든 것이었다지요. 그런가 하면 점쟁이한테 쇠붙이를 먹고 죽을 거란 불길한 점괘를 들은 남자도 있습니다. 물론 남자도 코웃음을 쳤지요. 불가사리*도 아닌 사람이 쇠를 먹을 이유가 도대체 어디에 있겠습니까? 하지만 예언은 적중했습니다. 그 남자가 주막에서 밥을 먹는데 친구가 반가움에 뒤통수를 세게 친 탓에 숟가락이 목구멍에 걸려 죽었습니다. 사람들은 죽지 않기 위해 조심, 또 조심을 합니다. 높은 산에는 오르지 않고, 깊은 물 가까이에는 가지 않고, 말을 삼가고, 음식을 절제하고, 사람들을 가려 만나지요. 그렇긴 하나 바깥에서 갑자기 들이닥치는 환난에는 그저 속수무책일 뿐입니다. 우리 둘이 집을 나설 때만 해도 느닷없이 미쳐 날뛰는 말을 만날 줄 도대체 상상이나 했습니까? 그러니 살아남은 게 요행 중 요행이지요."

● 불가사리 쇠를 먹고 악몽과 사악한 기운을 쫓는다는 전설 속의 동물.

그는 양직의 말을 들으며 고개를 끄덕일 수밖에 없었다. 장중거가 꼭 집어 말한 대로 그는 살아남기 위해 서울을 떠난 것이었다. 모욕을 감수하고 도망치다시피 급하게 서울을 떠났다. 그런데 서울도 아닌 개성에서 비명횡사할 뻔했다. 말발굽에 밟혀 개죽음을 당할 뻔했다. 사람의 운명을 예측하기란 정말로 어려운 일이었다. 생각이 거기에 미치니 자연스레 두 사람이 떠올랐다.

　첫 번째 사람은 이몽직이다. 이름이 '한주'인 이몽직은 충무공의 후손으로 절도사 이관상의 아들이었다. 이관상은 그의 매형의 인척이었고, 젊은 친구 박제가의 장인이었다. 이몽직은 무인이지만 글 읽는 선비를 좋아했기에 가끔씩 박제가를 따라 그를 만나러 왔다. 그는 이몽직을 아꼈다. 성품이 맑고 시원했기 때문이다. 때로는 박제가보다도 아꼈다. 박제가는 날카롭고 극단적이었지만 이몽직은 부드럽고 대범했기 때문이다. 그런 이몽직이 죽었다. 비명횡사했다. 남산에서 활을 쏘다가 잘못 날아온 화살에 맞아 죽었다. 대의를 위해 갈고닦은 무술 실력도 갑작스러운 화살 앞엔 무기력했다.

　두 번째 사람은 이희천이다. 그는 십 대 시절 이희천의 아버지인 이윤영에게서 『주역』을 배웠다. 이윤영은 맑으면서도 곧은 인물이었다. 부드러운 웃음을 지녔으나 불의와는 결코 타협하지 않았다. 그래서 탕평책에 반대해 평생을 벼슬길에 오르지 않고 처사로 살았다. 이희천 또한 아버지 이윤영과 비슷해 곧고 맑았다. 그가 주저하지 않고 이희천과 우정을 맺은 까닭이었다. 이희천. 이희천. 이희천. 칠 년이 지났건만 이희천이라는 이름을 떠올리면 눈물과 분노가 동시에 솟구쳤다. 아, 그의 원통한 죽음에 대해선 떠올리고 싶지도 않았다. 그는 입술을 깨물곤 양직에게 제안했다.

"아직 늦지 않았으니 선산에 가 보는 게 어떻겠소?"

양직이 반대할 리 없었다. 양직은 죽을 위기를 넘긴 자가 무덤을 구경하다니, 묘안 중의 묘안이라 말하곤 무릎을 탁 쳤다.

25

나는 이야기를 듣는 내내 괜히 조마조마했다. 비명횡사라는 단어가 나올 때마다 가슴이 툭툭 불규칙하게 뛰었다. 제기랄. 선생의 이야기에 신경을 곤두세우는 내가 짜증 났다. 이건 다 선생 때문이다. 선생이 고시원에서 한 말 때문이다. 부인이 '사고'로 죽었다는 그 말. 비명횡사는 선생이 입에 담기 어려운 단어였을 것이다. 그 단어를 사용했다는 것은 무슨 뜻일까? 어쩌면 선생은 불행하게 죽은 이몽직을 빌미 삼아 자신의 과거사를 탈탈 털어놓을 생각인지도 모른다. 싫다. 나는 선생에게 일어난 불행의 자세한 내막 따위는 듣고 싶지 않았다. 선생의 고통스러운 회고를 듣는 단 하나뿐인 청중 역할은 결코 하고 싶지 않았다. 그러나 내 어림짐작은 빗나갔다. 선생은 허허 웃으며 이야기와 관련한 질문 하나를 쓱 던졌을 뿐이다.

"이희천은 도대체 어떻게 죽었을까?"

나는 아무 말도 하지 않았다. 말하려고 마음먹었더라도 할 말이 없었을 것이다. 선생이 말하기 전에는 이희천이라는 이름을 들어 본 적도 없었으니까.

"이희천은 책 한 권 때문에 목을 바쳤다."

선생은 이희천이 『명기집략』이라는 중국 책을 읽었다는 죄목으로 사형을 당했다고 했다. 『명기집략』에는 이성계를 모독하는 내용이 있었는데 그것도 모르고 그 책을 읽었다가 그만 목숨을 잃은 것이다. 그러니까 이희천 역시 비명횡사한 셈이다. 지식에 대한 욕구를 채우려고 책을 읽었다가 느닷없이 세상을 떠나게 된 것이다.

"국가는 국민을 보호해 주지만은 않아. 예나 지금이나 그건 똑같지."

선생은 국가가 국민을 보호해 주지만은 않는 것은 물론이고 때로 차별까지 한다고 했다. 무슨 말인가 하면 『명기집략』을 읽은 이가 다 잡혀 죽은 건 아니라는 뜻이다. 이희천이 읽었던 『명기집략』의 원래 소유주는 박지원의 일가친척이었다. 그런데 그 일가친척은 비명횡사하지 않았다. 비명횡사하기는커녕 천수를 누렸고, 죽은 뒤엔 임금이 직접 추모의 글을 써 주기까지 했다.

"박지원이 친구의 비명횡사보다 견디기 힘들어했던 것은 어쩌면 국가의 부도덕성이었는지도 몰라. 자신의 입맛에 맞는 이는 살려 두고, 거슬리는 이는 죽이는. 그래서 박지원은 선비로서 어려운 결심을 해. 뭐냐 하면 과거와 관직 따위는 다 포기하고 집 안에 틀어박히겠다는 결심."

선생은 크로스백을 뒤져 종이를 꺼낸 후 천천히 읽기 시작했다. 어딘가 친숙한 내용이었다. 절반 정도 들은 후에야 나는 선생이 며칠 전에 읽었던 것이라는 사실을 깨달았다.

"집 안에 틀어박혀 조용히 지내니 아무 생각이 없어졌다. 가족이 보낸 편지를 받으면 '잘 있습니다.'라는 구절만 읽고 치워 두었다. 날이 갈수록 점점 더 게을러졌다. 세수도 하지 않았고, 망건도 쓰지 않았다. 경조사가 있어도 가지 않았고, 손님이 와도 입 한번 벙긋하지 않았다. 자다 깨면 책을 보았고, 책을 보다가 다시 잠들었다. 깨우는 사람이 없으면 하루 종일 잠만 자기도 했다. 가끔 글을 쓰기도 했다. 그러다 지겨우면 구라철사금을 연주했다. 친구가 술이라도 보내오면 잔뜩 취해 글 한 편 뚝딱 짓곤 허허 웃었다."

선생은 종이를 접어 넣은 후 말했다.

"그날이 생각나는구나. 내가 박지원을 부러워하는 듯이 말하자 미노 네가 유난히 격앙된 반응을 보였던 그날 말이다."

선생은 담담하게 그날을 회상했다. 내 마음은 요동쳤다. 선생에게 내뱉은 나쁜 말이 떠올랐기 때문이다. 틀어박힌 자에게도 양심은 있다. 그래서 부끄러웠다. 아무리 화가 나도 그런 말을 해서는 안 되었다. 한심한 놈. 졸렬한 놈. 하지만 그 시간은 이미 흘러갔다. 다시 담고 싶어도 방법이 없었다. 그리스의 어떤 철학자가 말했듯 이미 흘러간 강물에 다시 발을 담글 수는 없으므로.

나는 의자에서 몸을 일으켜 창가로 갔다. 밖을 바라보며 선생의 말을 건너편 나무 위에 걸었다. 국가는 국민을 보호해 주지만은 않는다는 그 말. 심지어 차별까지 한다는 그 말. 국가는 내게 너무 거대하고 멀었다. 그래서 나는 그 말을 바꾸었다. '학교는 학생을 보호해 주지만은 않는다. 심지어 때로 학교는 학생을 차별하기까지 한다.' 그럴듯한 문장들이었으나 박수 치며 공감할 정도는 아니었다. 이 년 전이었다면 공감했겠지만 지금은 아니다. 지금의 내겐 학교 또한 너무 먼 곳이므로. 나는 더 이상 학생도 뭐도 아니므로.

나는 밖을 내려다보았다. 거리는 여느 때와 다름없이 조용했다. 건물들은 멀쩡했고, 차들은 달렸고, 사람들은 핸드폰을 보며 걸었다. 개 한 마리도 고개를 들어 나를 보지 않았다. 고요하고 냉정한 세상은 때로 몹시 혐오스러웠다.

"미노야."

선생이 내 이름을 불렀다. 나는 대답하지 않았다.

"미노야."

선생이 한 번 더 내 이름을 불렀다. 나는 대답하지 않았다.

"미노야."

제기랄. 예수를 세 번 부인한 베드로 같은 인간이 되고 싶진 않왔다. 그래서 마지못해 선생을 향해 고개를 돌렸다. 선생은 크로스 백에서 검정 비닐봉지를 꺼냈다.

"이거, W가 너 주라고 하더라."

선생은 문을 열고 밖으로 나갔다. 나는 걸레를 집어 들었다. 침대를 박박 문지르고 책상을 닦고 바닥을 훔쳤다. 좁은 방이라 그리 오래 걸리지 않았다. 나는 걸레를 세탁기 옆에 던져 놓은 후 비닐봉지를 바라보았다. 그러면 비닐봉지 안에 든 물건의 정체를 알아낼 수 있기라도 한 것처럼 보고 또 보았다. 나는 초능력자가 아니었다. 초능력자는커녕 전문가도 못 되었고, 세상이 정한 최저 기준도 통과하지 못하는 낙오자였다. 결국 나는 비닐봉지를 열었다.

26

그날 밤 나는 외출을 했다. 십 분 정도 걸어 비석 무덤에 도착한 나는 잠깐 망설였다. 바람에 와르르 떨어지는 나뭇잎과 스스로 몸을 떠는 비석들을 보고 싶었기 때문이다. 아니다. 그건 표면상의 이유였다. 진짜 이유는, 두려웠기 때문이다. 머릿속 계획을 실행하기가 두려웠다. 그러나 더 미룰 수는 없었다. 그랬다간 '이성우, 빨리 나와.' 하는 소리가 내 몸과 머리를 다 점령해 버릴 것이다. 나는 늙고 냄새나는 느티나무 앞에서 어정쩡한 자세로 서서 비석들을 바라보다가 마침내 결단을 내렸다.

고층 아파트 단지 옆길로 들어선 나는 모자를 눌러쓰고 고개를 살짝 숙인 채 주위를 둘러보며 걸었다. 서점이 보였다. 서점 안엔 두세 명의 학생들이 있을 뿐이었다. 서점은 내 목적지가 아니었기에 멈추지 않고 계속 걸었다. 고등학교 교복을 입은 학생이 지나가면 내 가슴은 툭툭툭툭 소리를 냈다. 서너 명이 함께 지나가면 아예 툭툭툭툭 툭툭툭툭 소리를 질렀다. 걸음을 멈추고 싶었다. 돌아서고 싶었다. 그러나 '이성우, 빨리 나와.' 하는 소리를 계속해서 듣는 건 더 두려웠다. 더 싫었다. 그래서 나는 걸음을 멈추지도 않았고 돌아서지도 않았다. 툭툭툭툭 툭툭툭툭 툭툭툭툭. 가슴이 만들어 내는 왁자지껄한 소리를 내 귀로 똑똑히 들으며 교문 앞에 도착했다.

막상 교문 앞에 서니 툭툭툭툭 소리는 사라졌다. 가슴도 추억에 잠겼는지 입을 꼭 다물었다. 밤의 학교는 예전처럼 밝았다. 조명을 환하게 밝힌 운동장에서는 야구부 연습이 한창이었다. 예전처럼. 교실에도 대부분 불이 켜져 있었다. 예전처럼. 경비실을 힐끗 보았다. 불은 켜져 있으나 사람은 없었다. 예전처럼.

나는 빠른 걸음으로 교문을 지나쳐 운동장 스탠드까지 이동했다. 숨을 한 번 고른 후 스탠드에 앉아 야구부 연습을 바라보았다. 운동장에서는 외야수들을 대상으로 펑고 $^{\bullet}$ 가 한창이었다. 알루미늄 배트의 파열음이 들리면 외야수들은 곧바로 달렸다. 훈련이 목적이기에 평범하게 날아오는 공은 별로 없었다. 공은 외야수들의

● 펑고(fungo) 코치가 수비 위치에 걸맞게 때린 타구를 잡아 내거나 이어서 다른 선수에게 송구하는 야구의 수비 연습.

머리를 훌쩍 넘어가거나 쭉 뻗은 팔을 지나쳤고, 외야수들이 앞으로 전력 질주해도 잡을 수 없는 애매한 위치에 떨어졌다. 그때마다 감독의 불호령이 떨어졌다. 소리만 듣고 뛰어야지, 점프해서 팔을 더 뻗어, 다이빙 제대로 해, 정신 차려 등등.

내 어린 시절 꿈이 야구 선수였다는 사실을 오래간만에 떠올렸다. 내가 초등학교 4학년 때부터 6학년 때까지 야구를 했었다는 사실을 오래간만에 떠올렸다. 야구광이었던 아버지가 무척 기뻐했다는 사실을 오래간만에 떠올렸다. 중학교에 들어가기 전 야구를 그만두었지만 그 뒤로도 가방에 글러브와 공을 계속 가지고 다녔다는 사실을 오래간만에 떠올렸다.

고등학교 2학년 때 미국에서 전학 온 W가 내 가방에 있는 글러브를 보고 너무 기뻐하며 황소개구리처럼 폴짝 뛰었다는 사실을 오래간만에 떠올렸다. W가 보여 준 가방에도 글러브가 있는 걸 보고 나도 슬며시 웃음 지었다는 사실을 오래간만에 떠올렸다. 대개의 교포들처럼 LA에 살았던 W가 가장 좋아하는 메이저리그 팀이 다저스가 아닌 에인절스라는 사실을 오래간만에 떠올렸다. LA의 교포들이 전부 다저스를 좋아해서 자신은 에인절스를 응원하기로 마음먹었다는 W의 말에 왠지 통쾌함을 느꼈다는 사실을 오래간만에 떠올렸다.

사람들은 요기 베라*의 "끝날 때까지는 결코 끝난 게 아니다."를 야구 최고의 명언으로 여기지만, 자신은 요기 베라의 "야구의 묘미는 갈림길에 섰을 때 비로소 느낄 수 있다."[13]를 최고로 친다는 W의 말을 오래간만에 떠올렸다. 우리 둘이 주고받는 캐치볼 횟수가 늘어남에 따라 우정의 강도 역시 기하급수적으로 세졌다는 사실을 오래간만에 떠올렸다. 늘 혼자였던 내게 W는 친구라 부를 만한 유일한 인간이 되었다는 사실을 오래간만에 떠올렸다. 그러나 꽃은 느리게 피고 빠르게 진다. 급조된 우정은 삼 개월을 넘기지 못했다.

평고가 끝났다. 선수들은 운동장을 뛰었다. 하나, 둘, 셋, 넷, 소리 맞춰 뛰는 선수들을 보며 선생이 건넨 검정 비닐봉지를 생각했다. 비닐봉지엔 봉투들이 있었다. 내가 한 번, 혹은 두 번, 혹은 세 번, 혹은 네 번, 다섯 번, 여섯 번, 일곱 번, 규칙도 없이 마구 찢어버렸던 봉투들이 아니라 새 봉투들이 들어 있었다. 봉투 안엔 편지도 들어 있었다. "한 사람이라도 상대방을 아끼고 사랑하지 않으면 두 사람은 친구가 될 수 없다." 얼마 전에 읽은 기억이 있는 글이었다. 다른 편지도 마찬가지였다. "좋은 친구와 사귀는 즐거움은 친구를 잃은 후에 더 뼈저리게 느끼게 된다." "옛 친구는 좋은 친구이므로 버려서는 안 된다."[14] 모두 다 W가 보냈던 편지들이었다. 편지 마지막엔 보낸 날짜까지 적혀 있었다.

하나, 둘, 셋, 넷, 소리 맞춰 뛰는 선수들을 보며 돌아온 비닐봉

• 요기 베라(Yogi Berra) 메이저리그의 뉴욕 양키스에서 활약한 전설적인 포수. 선수 생활 동안 월드시리즈에서 열 번 우승했으며 여러 명언을 남겼다.

지의 의미를 추측했다. W는 내게 편지를 보내기만 한 게 아니었다. 자신이 편지를 보낸 날짜와 그 내용까지 꼼꼼하게 기록해 두었던 것이 분명했다. 왜 그랬을까? 왜? 이성우, 빨리 나와. W는 내가 편지를 찢어 돌려보낼 것을 예견한 사람처럼 행동했다. 왜 그랬을까? 왜? 이성우, 빨리 나와. 다른 이의 글을 계속 베껴 써서 보낸 이유는 무엇일까? 이성우, 빨리 나와. 배신자 주제에 친구 운운하는 글을 계속 써 보낸 이유는 또 무엇일까? 이성우, 빨리 나와. 도대체 왜 그랬을까? 왜? 왜? 이성우, 이성우, 이성우, 빨리, 빨리, 빨리, 나와, 나와, 나와. 모든 게 끝났는데 왜 다시 시작한 걸까? 왜? 왜? 이성우, 이성우, 이성우, 빨리, 빨리, 빨리, 나와, 나와, 나와. 제기랄. 살아 있어도 죽은, 나와 무관한 인간인 주제에 이제 와서 다시 나를 불러 대다니, 뭘 어쩌자는 걸까? 난 이성우가 아니라 미노야, 이 새끼야. 이성우라는 인간은 이제 이 세상에 존재하지 않아, 이 새끼야. 우린 다 죽었어. 넌 나한테 죽은 인간이고, 너와 시시덕대며 놀던 예전의 나도 죽었어.

하나, 둘, 셋, 넷, 하는 목소리는 더 이상 들리지 않았다. 왁자지껄 떠드는 소리에 묻혔다. 야간 자율 학습이 끝난 것이다. 나는 학생 무리가 스탠드 쪽으로 도달하기 전에 자리에서 일어났다. 그러곤 교문을 향해 뛰었다.

27
이서구와 떡 이야기[15]

    양직의 선산을 다녀온 다음 날 오후 그는 집을 나섰다. 검푸른 절벽 밑 집에 도착한 그는 대나무 사립문을 열고 안으로 들어가 "인수, 인수." 하고 불렀다. 양현교는 느릿느릿 몸을 일으키고는 발을 걷었다. 그를 보고 고개만 까딱한 양현교는 무심히 입구의 나무들, 혹은 바닥의 꽃잎, 혹은 나무와 꽃잎 사이 어딘가를 바라보았다. 그가 방에 들어서자 양현교는 천천히 차를 끓였고, 둘은 우려진 녹차를 말없이 함께 마셨다. 양현교는 거문고를 잠깐 연주하다 방바닥에 벌렁 드러누웠고 그 또한 따라서 드러누웠다. 양현교가 나지막이 코를 골았다. 그는 부드럽고 규칙적인 그 소리를 들으며 집 안에만 틀어박혀 보냈던 시절을 되새겼다.

한여름이었다. 가족들은 광릉 처가에 머물렀고 그 혼자 서울 집으로 와 틀어박혔다. 몸집이 비대한 그는 더위에 취약했다. 아니, 모기에도 취약했고 밤낮 가리지 않고 울어 대는 개구리 소리에도 취약했다. 그래서 서울 집으로 왔다. 서울이라고 덥지 않은 것은 아니었으나 나무와 풀까지 열기를 뿜어내는 광릉보다는 나았다. 무엇보다도 서울엔 모기와 개구리가 별로 없었다. 집에는 그 혼자였다. 처음부터 그렇지는 않았다. 여종 하나가 있기는 했지만 눈병을 핑계로 나가 버리는 바람에 밥 지어 줄 사람조차 없게 되었다. 그를 딱하게 여긴 행랑아범의 호의가 아니었다면 굶어 죽었을지도 몰랐다.

집 안에 틀어박혀 조용히 지내니 아무 생각이 없어졌다. 가족이 보낸 편지를 받으면 "잘 있습니다."라는 구절만 읽고 치워 두었다. 날이 갈수록 점점 더 게을러졌다. 세수도 하지 않았고, 망건도 쓰지 않았다. 경조사가 있어도 가지 않았고, 손님이 와도 입 한번 벙긋하지 않았다. 자다 깨면 책을 보았고, 책을 보다가 다시 잠들었다. 깨우는 사람이 없으면 하루 종일 잠만 자기도 했다. 가끔 글을 쓰기도 했다. 그러다 지겨우면 구라철사금을 연주했다. 친구가 술이라도 보내오면 잔뜩 취해 글 한 편 뚝딱 짓곤 허허 웃었다.

그러던 어느 날 낙서가 찾아왔다. 나중에 낙서는 그때 보았던 그의 모습을 이렇게 썼다. "안으로 들어섰다. 사흘을 굶은 어르신은 맨발에 망건도 쓰지 않았다. 그 차림으로 창문에다 다리를 걸치고 는 행랑아범과 말을 주고받고 있었다."

낙서가 쓴 그대로였다. 변명하려는 것은 아니나 사연이 있었다. 행랑아범이 일을 나간 탓에 그는 사흘을 내리 굶었다. 사흘 만에 돌아온 행랑아범은 굶은 걸 자랑처럼 떠벌이는 그에게 밥부터 지어 주었다. 굶을 땐 몰랐는데 밥을 보니 눈이 뒤집혔다. 그는 허겁지겁 밥을 먹은 후 포만감에 만족해서 바닥에 벌렁 드러누웠다. 밥 먹기 전에 뒤집혔던 눈이 슬슬 감기기 시작했다. 그러나 잠을 이루기엔 밖이 너무 시끄러웠다. 창문에다 다리를 턱 걸치고 밖을 보니 행랑아범이 어린아이에게 삿대질을 퍼붓고 있었다. 마당에 널브러진 밥상과 밥그릇을 보니 사태가 짐작되었다. 밥투정하는 어린아이를 보다 못한 행랑아범이 밥상을 엎고 난리를 치는 것이었다. 그는 허허 웃으며 이렇게 말했다.

"가르치지는 않고 꾸짖기만 하면 나중에 은혜를 원수로 갚는다네."

새로운 목소리가 끼어들었다.

"어르신께서는 도대체 누구랑 이야기를 나누시는 겁니까?"

갑자기 낙서의 앳된 얼굴이 보이는 바람에 그는 깜짝 놀랐다. 그는 낙서에게 잠깐 기다리라고 말하고는 문을 닫았다. 서둘러 옷매무새를 가다듬은 그는 문을 열고 낙서를 안으로 들였다.

그는 낙서에게 문장, 정치, 당론 등 생각나는 것들에 대해 마구

이야기를 들이부었다. 자신을 찾아온 다른 이들 앞에서 입을 꼭 다물고 있었던 것과는 달랐다. 아니, 낙서의 얼굴을 보고 있으니 저절로 말문이 트였다는 표현이 더 적합하겠다. 낙서는 어릴 적부터 그런 아이였으니까. 속에 담은 것들을 뱉어 내게 만드는 기이한 능력을 지닌 소년이었다. 낙서는 고개를 끄덕이며 두서없는 그의 이야기를 열심히 들었다.

시간은 빠르게 흘렀다. 새벽이 되자 위태롭게 비실대던 초가 마침내 꺼져 버려 방 안이 깜깜해졌다. 가난한 살림살이였다. 여분의 초는 없었다. 다행히 달이 밝았다. 그는 달빛을 등불 삼아 계속 이야기를 했다. 그러다 어느 순간 거짓말처럼 침묵이 찾아왔다. 이야기가 딱 끊겼다. 가슴속에 들어 있던 이야기를 다 쏟아 낸 것이다. 그가 수염을 한 번 쓰다듬고 연석에 비스듬히 등을 기대자 낙서는 그제야 입을 열었다.

"몇 년 전 어느 눈 오던 밤 제가 찾아왔던 일을 기억하십니까?"

정확히 기억나지는 않으나 아직 소년인 낙서가 그렇다면 그런 것이었다. 그가 고개를 끄덕이자 낙서는 이렇게 말했다.

"그때 어르신께서는 술을 직접 데워서 저에게 주셨지요. 맛있는 떡도 함께요. 그 떡을 질화로에 굽던 장면이 생각납니다. 노릇노릇해진 떡을 타기 전에 꺼내야 하는데 불이 너무 뜨거워서 자꾸만 떨어뜨렸지요. 그 바람에 온통 재가 묻어 떡이 새까매졌고요. 어르신께서 그걸 보고 허허 웃으시던 모습이 어제 일처럼 생생하게 떠

오릅니다."

그는 허허 웃었다. 정확히 기억나지는 않으나 낙서가 그렇다면 그런 것이었다. 낙서 또한 그를 보며 웃었다. 웃음을 부르는 가벼운 이야기였다. 그런데 뜻밖에도 낙서의 웃음에서는 생의 끝자락에 서 있는 노인들 특유의 쓸쓸한 기운이 묻어났다.

"겨우 몇 년 전 일이지요. 겨우 몇 년 전. 그사이 어르신의 머리는 허옇게 변해 버렸습니다. 도대체 어떻게 된 일일까요? 그 몇 년 동안에 무슨 일이 있었던 걸까요?"

그는 낙서가 내내 하고 싶었던 말이 이 한마디였음을 깨달았다. 이 한마디를 위해 지금까지 그가 하는 말을 다 들어 주었음을 깨달았다. 자신의 나이 아직 마흔도 안 되었다. 그런데 낙서의 말대로 머리는 허옇게 세어 버렸다. 몸도 성치 않아 여기저기 아프지 않은 곳이 없었다. 스물도 안 된 낙서가 깜짝 놀라 물은 것도 당연했다. 그는 나이가 들면 어느 날 갑자기 늙는 법이라고 말하려다 말았다. 사람이란 갑자기 확 바뀌는 법이라고 말하려다 말았다. 낙서는 그의 말을 이해하지 못할 것이다. 하룻밤 사이에 귀밑머리가 허옇게 변한 걸 두 눈으로 똑똑히 보기 전엔 결코 이해하지 못할 것이다. 그래서 그는 어떻게 했나? 조금 더 큰 소리로 허허 웃었다.

그는 잠에서 깼다. 양현교는 밖을 보고 있었다. 맑으나 무기력해 보이는 시선이 그의 마음을 아프게 했다. 견딜 수 없는 것을 견디려 애쓰는 자. 그는 조용히 "인수, 인수" 하고 소리를 냈다. 양현교가 고개를 돌려 그를 보았다. 양현교는 말없이 바둑판을 당기더니 검은 바둑알 하나를 천원˙에 올려놓았다. 첫수를 천원에 두는 건 기보에 없는 수였다. 그는 천원에 놓인 검은 바둑알을 한참 동안 들여다보았다. 그러다 허허 웃곤 자리에서 일어났다. 양현교는 말없이 고개만 한 번 끄덕거렸다. 그는 밖으로 나왔다. 떠나기 전 양현교를 돌아보았다. 양현교의 마음에 이미 그는 없었다. 양현교는 무심한 시선으로 오래된 검만 만지작거릴 뿐이었다.

● 천원(天元) 바둑판 한가운데의 점.

28

이야기를 마친 선생은 눈을 감았지만 곧바로 다시 떴다. 기지개를 켜고 하품을 한 후 이렇게 말했다.

"낙서는 이서구라는 사람이야. 재미있는 사실은 이때 이서구가 십 대 소년이었다는 것이지. 박지원은 삼십 대 중반이었는데 말이야."

선생은 이서구가 참 당돌한 소년이라 했다. 이서구가 찾아갔던 시기의 절묘함 때문이다. 그 시절 박지원은 집 안에 틀어박혀 있었다. 전후 사정으로 미루건대 이희천의 죽음 때문일 가능성이 컸다. 집 안에 틀어박힌 박지원은 폐인처럼 살았다. "세수도 하지 않았고, 망건도 쓰지 않았다. 경조사가 있어도 가지 않았고, 손님이 와도 입 한번 벙긋하지 않았다. 자다 깨면 책을 보았고, 책을 보다가 다시 잠들었다."

"더 재미있는 점은 소년 이서구가 박지원의 말을 제대로 들어 주었다는 거야. 그러고 나서 꺼낸 말은 압권이라고 할 수 있지. 바로 떡 이야기."

선생에 의하면 이서구가 언급한 떡은 단순한 떡이 아니었다. 박지원이 아직 세상을 살 만한 곳이라고 여겼을 때의 '마음'을 상징하는 것이었다. 따뜻하고, 투박하고, 먹음직한 떡은 세상을 신뢰하던 시절의 박지원의 '마음'과 같았다. 그랬기에 그다음 이서구의 한마디, 어르신의 머리가 허옇게 변해 버렸다는 그 한마디는 박지원의 폐부를 찌를 수밖에 없었다.

"박지원이 얼마나 오래 집 안에 틀어박혔던 건지는 잘 모르겠다. 다만 그 이후의 행적을 보면 다시 밖으로 나온 것만은 확실하지. 나는 이서구가 그 과정에서 굉장히 중요한 역할을 했다는 생각을 좀처럼 버릴 수가 없어. 그랬다는 증거는 내가 들려준 이야기 말고는 어디에도 없지만 말이다. 전직 소설가인 나는 그 생각을 좀처럼 버릴 수가 없어."

선생의 목소리는 이빨 빠진 노인처럼 쓸쓸했다. "전직 소설가"라는 말을 할 땐 잠깐 울컥했던 것 같기도 하다. 그저 내 기분이 그랬다는 것이다. 선생의 속내가 정확히 어땠는지 내가 알 방법은 없고 관심도 없다.

나는 의자에서 일어나 창가로 갔다. W의 목소리가 들렸다. '이성우, 빨리 나와.' 하는. 그럴 리 없다는 걸 알면서도 거리를 이리저리 살폈다. 물론 W는 없었다. 거리는 여느 때와 다름없이 조용했다. 건물들은 멀쩡했고, 차들은 달렸고, 사람들은 핸드폰을 보며 걸었다. 개 한 마리도 고개를 들어 나를 보지 않았다.

변함없는 거리를 보며 이서구라는 소년을 생각했다. 어떤 면에서 이서구는 W와 비슷하다. W 또한 남의 이야기를 제대로 들어 주던 소년이었고, 적절한 조언을 건네 주던 소년이었다. W가 미국 생활을 견디지 못했던 이유를 짐작할 수 없을 정도로 내게는 모든 게 완벽했던 친구였다. 그래서 W가 옆에 있으면 나는 늘 든든했다. 물론 그건 W가 나를 배신하기 전의 일이다. 이서구는 박지원이 어려울 때 그의 곁을 지켰지만, W는 내가 어려울 때 내 곁을 떠났다. W가 내 곁에 머물렀던 기간은 삼 개월도 안 된다. 나쁜 새끼. 아주 나쁜 새끼. 이성우, 빨리 나와. 나는 이성우가 아니라 미노라니까. 이성우는 죽었다니까. 그 시절의 우린 다 죽었다니까. 그 순간, 선생이 내 어깨에 손을 얹고 말했다.

"괜찮니?"

나는 몸을 돌려 선생의 손을 내 어깨에서 떨친 후 소리쳤다.

"손대지 말아요!"

어른들은 다 똑같다. 틈만 주면 어른인 체하려 한다. 삶을 다 이해하는 것처럼 행동하려 한다. 자기들도 루저인 주제에. 선생은 고개를 끄덕인 후 문을 열었다. 밖으로 나가기 전 이렇게 말했다.

"W가 딱 한 마디만 전해 달라더라. 보고 싶다고. 다른 말 말고 딱 이 말만 전해 달라더라."

선생은 그 말만 남기고 밖으로 나갔다. 나는 걸레를 집어 들었다. 침대를 박박 문지르고 책상을 닦고 바닥을 훔쳤다. 방은 좁고 걸레질이 대단히 복잡한 일도 아닌데 다른 날에 비해 몇 배는 더 시간이 걸렸다. 범죄 현장에 남았을지도 모를 흔적을 지우기 위해 안달복달하는 범죄자처럼, 나는 문지르고, 닦고, 또 훔쳤다.

29

그날 밤 나는 외출을 했다. 십 분 정도 걸어 비석 무덤에 도착해 느티나무에 안부 인사를 하고 비석들에 잠깐 눈길을 준 뒤 고층 아파트 옆길로 들어섰다. 걷고 또 걸어 교문 앞에 도착한 나는 스탠드에 앉아 야구부 연습을 바라보았다. 훈련 대상이 내야수들이라는 점만 제외하면 풍경은 전날과 비슷했다. 알루미늄 배트의 파열음이 들리면 내야수들은 곧바로 몸을 움직였다. 펑고의 특성상 평범하게 오는 공은 별로 없었다. 공은 내야수들의 머리를 빠르게 넘어가거나 쭉 뻗은 팔을 지나쳤고, 심지어는 내야수들의 몸통을 노리고 정면으로 달려들었다. 그때마다 감독의 불호령이 떨어졌다. 소리만 듣고 뛰어야지, 점프해서 팔을 더 뻗어, 공을 무서워

하지 마, 정신 차려, 이 머저리 새끼들아, 나가 죽어도 시원치 않을 놈들아 등등. 나는 내야수들이 점프하고 앞으로 넘어지고 좌로 구르고 우로 구르는 모습을 보며 야구를 그만두기로 결심했던 날을 떠올렸다.

청팀과 백팀으로 나눠 진행했던 그날의 시합에서 백팀의 2루수이자 6번 타자로 출전했던 나는 세 개의 실책을 저지르고, 두 개의 삼진을 당했다. 시합이 끝난 후 감독은 나를 포함한 네 명을 운동장에 남겼다. 한 시간 동안 평고가 이어졌다. 네 명이 남았으나 감독의 목표는 나였다. 다른 세 명은 5학년이었고 나만 6학년이었기 때문이다. 평고를 끝낸 후 감독은 나를 불러 야구를 그만두는 것에 대해 진지하게 생각해 보라고 했다. 나는 감독 말대로 진지하게 생각했고 그다음 날로 야구를 그만두었다.

내 결정에 제일 실망한 사람은 아버지였다. 내가 야구 선수인 것에 커다란 자부심을 품었던 아버지는 그만두는 것에 반대했다. 아버지는 요기 베라를 인용했다. 끝날 때까지는 결코 끝나지 않은 거라는 요기 베라의 진부한 그 말을 인용했다. 그러나 나는 집요한 사람은 못 되었다. 게다가 요기 베라를 영웅으로 여기는 뉴욕 양키스의 팬도 아니었다. 그래서 나는 결정을 바꾸지 않았다.

나는 내야수들이 점프하고 앞으로 넘어지고 좌로 구르고 우로 구르는 모습을 보며 나와 W의 캐치볼이 돌연 중단되었던 날을 떠올렸다. M 때문이었다. 급식을 먹고 패거리와 함께 등나무 아래

벤치에 앉아 흰소리를 늘어놓던 M이 갑자기 내게로 와 글러브를 뺏었다. M은 글러브를 주먹으로 툭툭 두드리며 W에게 공을 던지라고 외쳤다. W는 공을 던지지 않고 가만히 서 있었다. M은 어처구니없다는 표정을 지으며 고개를 저었다. 그러고는 내 글러브를 바닥에 내팽개치며 말했다. "하여간 둘 다 똘아이들이야. 미친 놈들끼리 뭉치긴 참 잘도 뭉쳐요. 한 놈은 미국 떨거지, 한 놈은 국산 떨거지." M은 주머니에서 스위스 아미 나이프를 꺼냈다. 내 글러브를 다시 집어 든 M은 칼끝으로 글러브를 쿡쿡 찌르며 말했다. "학교가 니들 놀이터냐, 유치원이냐? 한 번 더 내 눈에 띄면 니 모가지에다 칼을 쑤셔 박을 거다, 알겠냐?" M은 자신의 말이 허세가 아니라는 것을 입증이라도 하듯 칼날을 슬쩍 내 목에 댔다. 나는 "알았어."라고 답했다. 하지만 겁은 하나도 나지 않았다.

미국에서 전학 온 지 삼 개월밖에 되지 않은 W는 M에 대해 잘 몰랐지만 같은 중학교를 다녔던 나는 M에 대해 잘 알았다. M은 일진이 아니었다. 집안과 성적을 무기로 가끔씩 일진 코스프레를 벌이는 지질이 범생에 지나지 않았다. M은 등이 간지러우면 벅벅 긁듯 심사가 뒤틀리면 나를 괴롭혔다. 간지럼증이 이내 사라지듯 M이 나를 괴롭히는 시간도 짧았다. 한마디로 꼭 중국산 스위스 아미 나이프 같은 놈이었다. 분명히 말하지만 W가 갑자기 M에게 달려들지만 않았다면 아무 일도 일어나지 않았을 것이다. 일진 코스프레에 만족한 M은 스위스 아미 나이프를 주머니에 집어넣고

등나무 아래 벤치로 돌아갔을 것이다. W가 달려들었기에 M의 패거리가 몰려왔고, M의 패거리가 몰려왔기에 나 또한 끼어들지 않을 수 없었다.

싸움이랄 것도 없는 싸움은 금방 끝났다. 5 대 2라는 숫자 때문이기도 했지만 교감 선생이 달려왔기 때문이기도 했다. 교감은 화해주의자였다. M이 관련되어 있음을 확인한 교감은 우리를 데리고 상담실로 갔다. 교감은 M과 W에게서 사건의 경위를 청취한 후 잘잘못을 가리기가 참으로 어려운 사안이고, 실질적인 폭력이 있었던 것도 아니니, 반성문으로 갈음하면 어떻겠느냐고 제안했다. W는 억울해했고 M은 억울한 척했다. 교감이 내게는 묻지 않았기에 내 의견을 밝힐 수는 없었다. 교감은 M과 W를 일으키고 악수를 시켰다. 그러곤 둘의 등을 세게 두드리더니 M만 남고 나머지는 돌아가도 좋다고 했다. 그날 일은 그게 전부였다. 사태가 급변한 건 다음 날 아침이었다.

평고는 이미 끝났다. 하나, 둘, 셋, 넷, 하는 목소리도 더 이상 들리지 않았다. '이성우, 빨리 나와.' 하는 소리 또한 왁자지껄 떠드는 소리에 묻혔다. 야간 자율 학습이 끝난 것이다. 나는 학생 무리가 스탠드 쪽으로 도달하기 전에 자리에서 일어났다. 그러곤 교문을 향해 뛰었다.

30

금학동 별장에서 유언호를 만난 이야기,
그리고 이야기 선생 민옹[16]

유언호가 찾아왔다. 개성 유수인 유언호가 기별도 없이 금학동 별장으로 온 것이다. 반가웠다. 사흘 사이에 두 번이나 보는 셈이었다. 무슨 뜻인가? 말 그대로 이틀 전에도 유언호를 보았다는 뜻이다. 그 만남에 대해선 다소간 설명이 필요하다.

저물녘에 별장으로 돌아가던 그는 군사 훈련 후 성으로 돌아오는 개성 유수 행렬과 딱 마주쳤다. 수백, 수천 개의 횃불이 사방팔방을 밝혔다. 빨갛고, 파랗고, 노란 깃발들이 바람에 펄럭였다. 횃불과 바람을 벗 삼아 깃발 속의 용이 날아오르고 호랑이가 이빨을 드러냈다. 길을 걷던 이들이 황급히 좌우로 물러나 엎드렸다. 말을 탄 이들은 말에서 내려 엎드렸다. 그는 유언호의 자를 부르려다가 생각을 바꾸고 사람들 틈에 끼어 엎드렸다. 그저 고개만 살짝 들고 행렬이 지나가는 것을 보았다. 초헌에 앉은 유언호의 얼굴은 근엄했고 풍채는 당당했다. 그의 친구 유언호는 거기에 없었다. 겉모습만으로도 이미 장군다웠다.

반가운 손님을 위해 그는 하인에게 새로 술을 내오라 일렀다. 술 한 잔을 빠르게 비운 유언호는 그즈음 행해지던 군사 훈련에 관한 이야기를 잠깐 했다. 그는 군사 전문가는 아니었지만 적당히 고개를 끄덕였고, 필요한 곳에선 자신의 의견을 개진해 가며 친구의 말에 장단을 맞췄다. 유언호는 그에게 새로 지은 글을 보여 달라고 했고, 그의 글을 본 뒤에는 자기의 글을 내밀며 평을 요구했다. 잠시 농담과 독설이 오갔다. 그러나 이러니저러니 하는 평가는 사실 중요하지 않았다. 그랬기에 어느 순간 동시에 말을 멈춘 두 사람의 얼굴에 웃음만 떠올라 있었던 것이리라. 그가 말했다.

"금강산 마하연에서 묵던 때가 생각나네. 비구승 준이 없을 뿐이지 그날의 정취와 참으로 비슷하군. 아니, 어쩌면 금강산에서 돌아온 뒤 서울에서 가졌던 모임과 더 비슷할지도 모르겠네. 자네와 나, 둘 다 머리가 허옇게 변해 버린 것만 빼면 말일세."

금강산을 유람하던 시절 그의 나이는 스물아홉이었다. 유언호보다 일곱 살이나 적었는데도 당시 그의 귀밑엔 흰머리가 드문드

문 자리를 잡고 있었다. 몇 가락 되지 않는 흰머리를 보곤 그럴싸한 시 재료를 얻었다고 어깨에 잔뜩 힘을 주었던 기억이 떠올랐다. 그로부터 십여 년이 흘렀다. 흰머리는 늘고 또 늘어 시 재료로 감당하기 힘들 정도였으나 수염까지 허옇게 센 유언호에 비할 바는 아니었다. 그의 시선을 읽은 유언호가 귀밑머리를 만졌다. 그러나 그의 눈엔 흰머리보다 고관들만 쓸 수 있다는 금관자가 먼저 눈에 들어왔다. 어쩔 수 없는 지위의 차이가 그제야 실감이 났다. 유언호가 웃으며 말했다.

"그렇게 보지 말게. 스스로 보기에도 겸연쩍다네."

"내 이야기 하나 해도 되겠나?"

"물론이지. 아침이 오려면 아직 멀었다네."

"내 일생에서 방 안에 틀어박힌 적이 두 번 있었다네."

"두 번?"

"두 번째는 자네도 알 것일세. 이희천이 죽은 후 나는 방 안에 틀어박혔지. 어찌나 꼭꼭 틀어박혔는지 귀양 간 자네에게 편지 한 통 안 보냈고."

"여태 말은 안 했지만 정말 서운했다네."

"미안하네. 방 안에 틀어박히면 세상사엔 무심하게 되어 버리더군. 자기에게만 집중하게 되니까."

"그렇다면 처음 방에 틀어박힌 건 언제였나?"

"그게 바로 내가 자네에게 하려는 이야기일세. 내 나이 열여덟

때의 일일세."

열여덟 살의 그는 드러난 병과 드러나지 않은 병으로 몹시 지쳐 있었다. 병을 핑계로 방에 틀어박힌 그는 그 상태에서 할 수 있는 것들, 그러니까 노래, 서예, 그림, 거문고, 검 등에 취미를 붙였다. 그러나 그것들은 일시적인 해결책이었을 뿐이다. 근원적인 답답함은 좀처럼 해결되지 않았다. 그의 상태를 본 지인이 쯧쯧 혀를 차며 고개 젓더니 민옹을 한번 만나 보라고 했다. 민옹이 누구냐고 묻자 '이야기 선생'이라고 했다. 말이 거침없으면서도 묘하게 사람을 끌어당겨서 들으면 절로 속이 시원해진다고 했다. 이야기 선생을 자처하는 이가 있다는 건 금시초문이었다. 그는 이야기 선생 민옹이 어떤 사람인지 궁금해졌다.

며칠 후 민옹이 왔다. 키는 똥자루만 한 데다가 등까지 구부정했다. 이빨이라곤 서너 개밖에 없고 눈썹까지 하얗게 센 칠십 대 노인이었다. 이야기 선생이라지만 이야기를 할 기력조차 없어 보였다. 하지만 민옹은 그를 보자마자 힘찬 목소리로 물었다.

"무슨 병에 걸렸나? 머리가 아픈가?"

"아닙니다."

"배가 아픈가?"

"아닙니다."

"그럼 병에 걸린 건 아니군."

명쾌하게 진단을 내린 민옹은 들창을 활짝 열었다. 바람이 불어 들어왔다. 마음속이 후련해지는 게 전과 다른 느낌이었다. 그는 민옹에게 겉으로 드러난 증세를 말했다.

"제 병은 밥을 잘 못 먹는 것과 잠을 잘 못 자는 겁니다."

민옹은 자리에서 일어나더니 박수를 쳤다. 어리둥절해하는 그에게 민옹이 이유를 설명했다.

"가난한데 밥을 못 먹으니 재산 보전엔 문제가 없겠군. 밤에 잠을 못 자니 남들의 곱절을 사는 셈이고."

민옹처럼 말하는 이는 생전 처음이었다. 그사이 밥상이 들어왔다. 식욕이 없던 그는 밥상을 보고 인상을 찌푸렸다. 그런데 갑자기 민옹이 화를 내며 자리에서 벌떡 일어났다. 손님을 불러 놓고 밥도 대접하지 않느냐는 것이었다. 그는 민옹에게 사과한 후 하인을 불러 민옹의 상을 따로 내오게 했다. 밥상이 들어오자 민옹은 팔뚝을 걷어붙인 후 수저를 들고 달려들었다. 먹는 모습이 참 시원시원했다. 보고 있으려니 저절로 군침이 돌았다. 그래서 그 또한 수저를 들고 밥을 먹었다.

식사를 마친 민옹은 이야기 선생의 진면목을 드러냈다. 민옹은 쉬지 않고 이야기를 했다. 여러 이야기 중 가장 재미있었던 건 황충에 관한 것이었다. 황충은 벼멸구의 다른 이름으로 그냥 두면 농사를 다 망치기에 보이는 족족 잡아 없애는 것이 상책이었다. 그런데 민옹은 조그마한 황충 따위는 근심거리도 못 된다고 했다. 그가 진짜 근심거리는 뭐냐고 묻자 민옹은 목소리를 낮추더니 이렇게 말했다.

"종루˚ 앞길에 가 보면 진짜 황충들이 가득하다니까."

종루 앞 바닥엔 논이 없었다. 그러니 황충이 있을 리도 없었다. 그가 의아한 얼굴로 쳐다보자 민옹이 말을 이었다.

"종루 앞 황충은 무지무지하게 크다네. 길이는 일곱 자가 넘고, 대가리는 까맣지. 커다란 입으로 웅얼웅얼 소리를 내고 꾸부정한 자세로 몰려들 다녀. 곡식은 또 얼마나 많이 먹어 치우는지 이 황충이 지나가면 남는 게 하나도 없다니까. 그냥 두면 안 되겠기에 내가 잡으려고 했지. 못 잡았어. 왜인지 알아? 죽여서 바가지에 담아야 하는데 아쉽게도 그렇게 큰 바가지가 없더라니까."

그는 황충이 사람을 가리키는 것임을 그제야 깨닫고는 박장대소했다. 민옹은 빙긋 웃은 후 귀신 이야기, 신선 이야기, 오래 산 사람 이야기, 세상에서 제일 맛있는 음식 이야기를 들려주었다. 끝도 없이 영원히 이어질 것 같던 이야기는 밤이 되자 뚝 끊겼다. 하지만 그는 만족하지 못했다. 그가 다른 이야기를 해 달라고 조르자 민옹은 그의 책장에서 『주례』 두 권을 꺼냈다. 민옹은 그중 한 권을 그에게 건넸다.

"난 기억력이 몹시 뛰어나다네. 어떤 책이든 몇 번만 읽으면 다 외울 수 있지. 그러니 대결을 벌여 보세. 내가 이기면 난 좀 쉴 것

● 종루(鐘樓) 조선 시대에 서울의 중심이었던 곳에 종을 달아 둔 누각.

이고, 자네가 이기면 다른 이야기를 또 들려주지."

그는 속으로 코웃음을 쳤다. 칠십 대 노인인 민옹이 그에게 이길 리가 없었다. 민옹은 재빨리 책을 펼쳤다. 그도 질세라 따라서 책을 펼쳤다. 하지만 그가 책을 절반도 읽기 전에 민옹이 책을 덮으며 말했다.

"다 외웠소."

당황한 그는 시간을 조금만 더 달라고 했다. 민옹은 알았다고 했다. 하지만 말뿐이었다. 민옹은 그에게 자꾸 말을 걸었다. 그 바람에 외우기는커녕 읽을 수도 없었다. 그는 민옹에게 화를 냈다.

"그냥 좀 내버려 두세요!"

민옹은 알았다고 대답하더니 벌렁 드러누웠다. 민옹은 이내 코를 골았다. 그는 책을 덮고 민옹을 내려다보았다. 갑자기 하품이 나더니 졸음이 밀려왔다. 그는 민옹 옆에 벌렁 드러누웠다. 그러곤 곧바로 코를 골았다.

다음 날 아침 민옹이 그를 깨웠다. 민옹이 웃으며 말했다.

"잘 잤소?"

모처럼 푹 자기는 했다. 하지만 그는 민옹의 계략에 홀랑 당한 것 같아 좀 짜증이 났다. 그래서 물었다.

"어젯밤에 외웠던 걸 기억하실 수 있습니까?"

민옹은 큰 소리로 웃고는 이렇게 답했다.

"나는 아예 외우지도 않았다네."

그가 이야기를 마치자 유언호는 잠깐 생각하곤 입을 열었다.

"식욕을 돋우고 잠을 부르는 신기한 이야기 선생이로군."

"그런 셈이었지."

"그건 보이는 증세였고, 보이지 않는 증세, 즉 방에 틀어박힌 건 어떻게 고쳤나?"

"잘 먹고 잘 자게 되니 밖에도 나가고 싶어지더군. 그래서 문을 박차고 나왔지."

"그런 선생이라면 나도 한번 만나 보고 싶네."

"그럴 수는 없다네. 민옹은 그 이듬해에 세상을 떠났거든."

유언호는 무슨 말인가를 하려다 말고 자리에서 일어나 밖으로 나갔다. 달이 둥글었다. 유언호는 이제 그만 돌아가야 한다고 말하며 아쉬워했다. 그는 유언호를 전송하며 제안했다.

"내일은 보름이니 달이 더 밝겠지. 남쪽 문루에서 달구경이나 할 터이니 자네도 와 주겠는가?"

유언호는 고개를 끄덕이곤 그의 어깨에 손을 얹었다. 차가웠다. 개성 유수의 손은 차갑게 느껴졌다. 어쩔 수 없는 거리감. 자신의 무능력과 잘못 살았음에 대한 회의가 들었다. 오랜 친구인 개성 유수의 손이 오늘따라 유독 차갑게 느껴졌다.

31

이야기를 마친 선생은 휴 하고 제법 긴 한숨을 내뱉었다. 선생이 뿜어내는 냄새와 로션의 민트 향이 한숨을 따라 다른 날보다 훨씬 길게 손을 뻗쳤다. 나는 의자를 뒤로 빼지는 않고 고개만 살짝 돌렸다. 선생은 기지개를 크게 켠 후 이렇게 물었다.

"오늘은 묻고 싶은 게 있겠지?"

나는 아무 말도 하지 않았다. 선생 말대로 궁금한 게 있기는 했다. 하지만 굳이 입을 열고 싶을 만큼은 아니었다.

"그래, 너도 눈치챘겠지만 이야기 선생이라는 이름은 내 머릿속에서 나온 게 아니야. 민옹에게서 빌려 온 것이지. 신선한 공기를 불어 넣고, 밥을 먹이고, 잠을 재우는 민옹에 비하면 나는 형편없는 이야기 선생이다. 그 이유야 말 안 해도 잘 알겠지만."

나는 아무 말도 하지 않았다. 한마디 하고 싶기는 했다. 선생이 아주 형편없지는 않다고. 뛰어난 선생이라고 말할 수는 없지만 자책할 만큼 형편없지는 않다고. 하지만 그건 칭찬도 뭐도 아니었다. 상대방이 좋아할 만한 말은 아니었다. 굳이 입 밖에 낼 만한 말은 아니라는 뜻이다. 그래서 나는 입을 다물고 있었다.

"유언호가 찾아온 이야기도 좀 이상하지? 며칠 전에 내가 이미 들려줬던 이야기니까. 그런데 이야기의 세부는 그때와 달라. 여러 가지가 다르지만 가장 중요한 차이점은 이거야. 지난번 이야기에서 박지원은 길에 엎드렸다 일어나서 친구인 유언호를 불렀지만, 오늘 이야기에서 박지원은 길에 엎드린 채 개성 유수 유언호를 관찰했어. 친구를 부르는 것과 개성 유수가 지나가는 동안 엎드려 있는 것, 상식적으로 생각해 보면 두 이야기 중 하나는 거짓이야. 두 가지가 동시에 일어날 수는 없으니까. 미노야, 네 생각엔 실제로 박지원이 어떻게 했을 것 같니?"

나는 아무 말도 하지 않았다. 대답할 만큼 박지원에 대해 잘 아는 것도 아니었기 때문이다. 박지원에 관한 책을 읽은 것도 아니었기 때문이다. 선생은 다른 때와 마찬가지로 스스로 답을 냈다. 그런데 답치곤 좀 엉뚱했다.

"꼭 상식적으로만 생각할 문제는 아니지. 우리가 뭐 퀴즈를 푸는 건 아니니까. 상식과 퀴즈 세계의 정답은 하나뿐이지만 문학의 세계에서는 꼭 그렇지만은 않아. 어쩌면 아침은 저녁일 수도 있고, 방 안이 세계의 전부일 수도 있고, 살아 있다는 건 죽은 것일 수도 있고, 우리 모두가 실은 같은 사람일 수도 있고……. 그러니까 어쩌면 두 이야기 다 참일 수도 있고, 둘 다 거짓일 수도 있다는 말이야. 그렇지 않니?"

선생의 이야기는 알쏭달쏭했다. 아침저녁 운운하는 말은 뜬금없었다. 그 뒤로 이어진 말들은 더 뜬구름 잡기였다. 그러나 생각해 보면 아주 이상한 이야기만은 아니었다. 왜 그런지 묻는다면 선생이 썼던 '문학의 세계'라는 표현을 내세우고 싶다. 문학의 세계가 도대체 뭐냐고 물으면 할 말이 없다. 난 전문가가 아니기 때문이다. 앞서도 말했지만 나는 그 어떤 분야의 전문가도 아니다. 그러니까 내가 하고 싶은 말은…… 그냥 그럴듯하다는 기분이 들었다는 뜻이다. 어쩌면 소설이 더 진실일 수도 있다는, 하나 더하기 하나는 때로 둘이고 때로 넷이고 때로 아무것도 아니라는, 뭐 그런 말도 안 되는 개소리. 그냥 그런 소리.

선생의 이야기는 끝이었다. 선생은 손바닥을 부딪쳐 탁탁 소리를 내곤 침대에서 몸을 일으켰다.

"간다."

갑작스러운 종료에 나도 모르게 선생을 쳐다보았다. 동점 상황인 7회 말 2사 만루에서 갑자기 중단된 야구 중계 같았다.(내가 야구 경기를 끝까지 보지 않는 것과 중계가 중간에 뚝 끊기는 것은 전혀 차원이 다른 이야기다.) 선생은 허허 웃으며 말했다.

"그동안 고생했다. 내 이야기는 내일로 끝이다. 정말로 끝. 내 형편없는 이야기와 엄청난 냄새로 고생하는 것도 내일이면 끝이라는 뜻이지."

선생은 문을 열고 밖으로 나갔다. 나는 걸레를 집어 들었다. 침대를 박박 문지르려다 말고 걸레를 집어 던졌다. 선생은 냉정하게 '끝'을 선언했다. 허허 웃으면서 마치 자기가 달관한 자라도 되는 양 미련 없이 '끝'을 선언했다. 이야기를 갑자기 시작한 이도 선생이니 끝내는 이도 선생인 것은 분명했다. 하지만 기분이 썩 좋지는 않았다. 속은 기분이었다. 제기랄. 나는 창문 앞으로 가 밖을 보았다. 거리는 여느 때와 다름없이 조용했다. 건물들은 멀쩡했고, 이성우 빨리 나와, 차들은 달렸고, 이성우 빨리 나와, 사람들은 핸드폰을 보며 걸었다. 이성우 빨리 나와, 개 한 마리도 고개를 들어 나를 보지 않았다. 이성우 빨리 나와, 그 거리에 선생이 있었다.

거대한 몸집의 선생이 그 거리를 느릿느릿 걸어서 지나갔다. 멀쩡한 건물들이 선 거리를, 차들이 달리는 거리를, 사람들이 핸드폰을 보며 걷는 거리를 선생이 느릿느릿 걸어서 지나갔다. 건물들도, 차들도, 사람들도, 선생에게 별다른 관심을 보이지 않았다. 그래서 선생은 외로워 보였다. 아내 없이 홀로 걷는 선생은 외로워 보였다. 방콕도, 파타야도, 치앙마이도 아닌 동아시아 어느 국가의 몰개성적인 신도시를 홀로 걷는 선생은 참 외로워 보였다. 선생은 어디로 가려는 걸까? 물론 내가 걱정할 일은 아니다. 나와 선생은 아무런 관련도 없으므로. 선생은 선생의 길을 갈 것이고, 나는 내 길을 갈 것이다. 물론 내가 방에서 나서기만 한다면 말이다.

나는 선생이 사라질 때까지, 소리가 사라질 때까지, 거리를 오랫동안 내려다보았다.

32

그날 밤 나는 외출을 했다. 비석 무덤을 지나쳐 거리 끝까지 걸었다. 거리 끝에 서서 건너편에 자리한 2층 벽돌집을 바라보았다. 2층에 불이 환하게 켜져 있었기 때문에 가까이 가지는 못했다. 2층엔 W의 방이 있었다. 이 년 전에는 그랬다. 지금도 그런지는 알 수 없는 일이다. W의 방에서 보낸 날들이 떠올랐다. W와 친구로 지낸 기간은 삼 개월밖에 되지 않았다. 그 짧은 기간 동안 나는 W의 방을 많이도 방문했다. W의 엄마는 너희들 사귀는 거 아니냐고 농담을 하기도 했다. (어쩌면 진심으로 염려했을지도 모르겠다. 내가 만난 유일한 친구가 W였던 것처럼, W 또한 나만 만났으니까.) '이성우, 빨리 나와.' 하는 소리가 들렸다. 지겨운 소리. 2층 창문은 꿈쩍도 하지 않았는데 '이성우, 빨리 나와.' 하는 소리가 들렸다. 한심한 새끼. 나는 반환점을 돌아 산책을 계속했다.

고시원 건물 앞에서는 선생을 만났다. 선생은 편의점에서 65그램짜리 컵라면을 먹는 중이었다. 나는 멀찌감치 서서 선생을 지켜보았다. 하지만 선생이 잠복 수사를 알아차린 범인처럼 갑자기 고개를 들었고, 그 바람에 눈이 딱 마주쳤다. 제기랄. 나는 모자를 깊이 눌러쓰고 재빨리 걸음을 옮겼다. 선생이 편의점 문을 열고 나와 내 뒤를 쫓았다. 하지만 모르는 척하고 계속 걸었다. 나는 비석 무덤의 늙고 냄새나는 느티나무 앞에 이르러서야 걸음을 멈췄다. 나는 느티나무에 기대앉았다. 일이 분 정도 후 선생이 나타났다. 숨을 헉헉거리는 선생은 느티나무 앞 오래된 비석에 등을 대고 앉았다. 비석은 살짝 몸을 흔들며 투정을 부렸지만 그래도 선생의 거구를 받아 주었다.

"하, 이렇게 좋은 곳이 있었군."

나는 아무 대꾸도 하지 않았다. 그렇다고 선생의 말에 동의하는 것은 아니었다. 비석 무덤이 '좋은 곳'은 아니었다. 좋은 곳은 고사하고 쓰레기처럼 버려진 공간이었다. 그렇다고 선생의 말을 부정하는 것은 아니었다. 버려진 공간이기에 비석 무덤은 나에게 좋은 곳이었다. 선생이 비석 무덤을 좋은 곳으로 여긴다면 그건 선생이 버려진 사람이기 때문일 것이다. 선생은 다리를 쭉 뻗었다. 편안해 보였다. 고시원에 있을 때보다, 내 방 침대에 있을 때보다 편안해 보였다. 나도 선생처럼 다리를 쭉 뻗었다. 편안했다. 여태 느티나무에 기대 쪼그리고만 앉았던 게 후회될 지경이었다.

"네 아버지에 대해 거짓말한 게 있다. 사실 난 대학 시절부터 네 아버지를 알았어. 그럴 수밖에 없었지. 네 아버지는 그때 꽤 유명했으니까. 대학생이면서도 IT 사업을 시작해 제법 많은 돈을 번 사람이 바로 네 아버지였다. 그 시절 네 아버지는 현실을 똑똑히 볼 줄 아는 사람이었지. 사실 난 그게 좀 못마땅했어. 젊은 놈이 돈이나 좇다니 말이야. 물론 지금은 상황이 바뀌어 네 아버지는 문학의 세계에 사는 이처럼 비현실적 삶을 살게 되어 버렸지만. 난 반대로 문학의 세계에서 현실의 세계로 옮겨 왔고."

바람이 불었다. 나뭇잎이 와르르 떨어졌다. 비석이 몸을 떨었다. 바람에 반응하는 나뭇잎과 비석을 보며 나는 W를 생각했다. '글러브 사건'이 일어난 다음 날, 반성문 대신 경찰을 동반하고 나타난 W를 생각했다. 학교에 온 W와 경찰이 가장 먼저 향한 곳은 교장실이었다. 십 분 정도 후 담임이 나를 부르더니 교장실로 데리고 갔다. 교장실에는 교장과 교감, W와 경찰, 그리고 M이 있었다. 탁자엔 사진 한 장이 놓여 있었다. M이 스위스 아미 나이프를 내 목에 대고 있는 모습이 담긴 사진이었다. 구도, 그리고 상황으로 보아 W가 찍은 게 분명했다. 나는 아주 잠깐 W의 민첩함과 구도의 정확함과 사진의 선명함에 감탄했다.

경찰은 내게 어떻게 하겠느냐고 물었다. 무슨 말인지 몰라 멀뚱히 바라만 보자 경찰은 원한다면 법적인 절차에 따라 다루겠지만 '경미한' 학교 폭력 사건이니만큼 학교 안에서 자율적으로 해결하는 것도 나쁘지 않다고 말했다. W가 미국의 경우를 내세우며 발끈하자 교감이 호통을 쳤고 교장은 교감을 만류하는 척했다. 교장은 내 의견을 묻지 않았다. 교장은 나와 M에게 부모님을 모시고 오라고 했다. 나는 속으로 안도했다. 나는 갑작스러운 전개에 몹시 당황한 상태였다. 교장이 의견을 물었더라도 답하기가 어려웠을 것이다. 나는 아버지를 믿었다. 나와는 달리 상식적이고 현실적이며, 사회적으로 성공했고 인간관계에도 능숙한 아버지라면 이 사건을 잘 다루리라 믿었다.

내 생각은 틀리지 않았다. 아버지는 내 기대 이상으로 사건을 '잘 다루었다'. 회사에서 부랴부랴 달려온 아버지는 교장실에서 교장, 교감, M의 아버지를 만났다. 삼십 분 정도 지나서 상담실로 온 아버지는 나를 불러내서는 잘 해결되었다고 했다. M의 아버지 또한 자신처럼 사업을 하는 사람이라 그런지 말이 잘 통해서 일이 잘 마무리되었다고 했다. 나는 고개만 끄덕였다. 아버지가 그렇다면 그런 것이라고 믿었다.

일이 어떻게 잘 마무리되었는지는 그다음 날 M의 입을 통해 알게 되었다. 점심시간에 급식실에서 마주친 M은 나를 보고 피식 웃더니 "그 아버지에 그 아들이네, 부전자전, 그 아비에 그 아들."이라고 자기 패거리를 향해 말했다. 다른 사람도 아닌 아버지를 들먹이다니 참을 수가 없었다. 나를 비웃는 건 괜찮지만 아버지를 모욕하는 건 참을 수가 없었다. 내가 발끈하자 M은 내 이마를 손가락으로 톡톡 두드리며 네 아버지라는 인간이 자기 아버지한테 합의금 조로 돈을 요구했다고 했다. 못 믿겠으면 집에 가서 확인해 보라고 했다. 나는 "개 같은 소리 하지 마!"라고 외치고는 그대로 돌아서서 급식실을 뛰쳐나왔다. 뒤늦게 소식을 들은 W가 뛰어와 도대체 무슨 일이냐고 물었다. 나는 집에 가서 확인할 게 좀 있다고 말하고는 학교를 빠져나왔다.

"내 말은, 아버지를 너무 몰아붙이지는 말라는 뜻이다. 사람이 살다 보면 잘 안 될 때가 있거든. 그럴 때가 분명히 있단다."

선생의 목소리가 나를 회상에서 끄집어냈다. 나는 아무 말도 하지 않았다. 선생이 간섭할 문제는 아니었다. 다른 장소에서 이런 말을 들었다면 당장 일어났겠지만 '버려진 장소'인 비석 무덤에서는 그러고 싶지 않았다. 나는 조용히 자리를 지켰다. 선생은 몸을 일으켜 비석들을 둘러보았다. 어느 비석 앞에서 선생은 쯧쯧 혀를 찼다. 선생이 나를 보며 물었다.

"이 비석에 뭐라고 쓰여 있는 줄 아니?"

나는 대답하지 않았다. 대답할 마음이 없었기 때문이지만 마음이 있더라도 한자 해독 능력이 빵점에 가까운 나로서는 답하지 못했을 것이다.

"영세불망비(永世不忘碑), 영원히 잊지 않겠다라……. 이름은 김순이고 현령으로 재임한 기간은 일 년 이 개월이네. 지식이 일천한 탓에 김순이 얼마나 뛰어난 현령이었는지는 잘 모르겠다. 비석에 도 자세한 이야기는 없구나. 그저 김순이 떠난 지 일 년 뒤에 현민 들이 힘을 모아 이 비석을 세웠다는 믿기지 않는 말만 있을 뿐이 다. 읽어 본 적이 있는지 모르겠는데 윤후명이 쓴 「누란의 사랑」이 라는 소설에 누란에서 발견된 여자 미라가 나와. 미라의 가슴을 덮 은 붉은 비단엔 천 년간 변치 않는다는 뜻인 '천세불변(千歲不變)' 이 적혀 있었지. 미라에 천세불변도 허무한데, 떠난 권력자에게 아 부하기 위해 세운 비석에 영세불망이라니……."

선생은 말을 제대로 끝내지 않았다. 선생은 또 다른 비석 앞에서 갑자기 "아하!" 하는 소리를 냈다. 선생이 나를 보며 물었다.

"이 선정비에 누구의 이름이 새겨진 줄 아니?"

나는 이번에도 대답하지 않았다.

"김이중이야, 김이중."

김이중? 잠깐 생각해 보았으나 내겐 별 의미 없는 이름이었다. 선생이 허허 웃으며 말했다.

"박지원의 친구 김이중. 부모님 평계를 대고 금강산 여행을 포 기하려던 박지원에게 선뜻 백 냥을 내주었던 좋은 친구 김이중. 그 김이중의 선정비가 여기에 있네. 이런 우연이 있나?"

내가 보기엔 그리 대단한 일 같지 않았다. 김순의 영세불망비를 비판한 선생이 김이중의 선정비에 기뻐하는 이유를 알 수 없었다.

김이중의 선정비가 특별할 이유는 딱히 없었다. 좋은 친구가 훌륭한 관리였으리라는 법은 없으니까. 그렇지만 선생이 하도 기뻐하기에 몸을 일으켜 선생 옆으로 갔다. 나를 본 선생은 비석에 손을 대곤 이렇게 말했다.

"한번 만져 봐. 비석이 따뜻해."

비석이 따뜻한 건 여름으로 향하는 계절 때문이거나 선생의 손이 뜨겁기 때문일 것이다. 하지만 나는 군소리 않고 비석에 손을 댔다. 아닌 게 아니라 비석은 따뜻했다. 바람에 흔들리는 비석에서 온기가 느껴졌다. 선생이 허허 웃으며 말했다.

"너와 나, 김이중에겐 공통점이 있지. 바로 박지원. 그래서 비석이 따뜻한 거야. 비석도 무언가를 느끼는 거지. 심리학자 융이 말하길 세상은 인과적이 아니라 상관적이라고 했어. 세상에 우연이란 없다는 뜻이야. 상관적 진실, 이 온기가 바로 그 증거다. 논리적으로 설명할 수 없지만 진실임에는 분명하니까."

말도 안 되는 소리였다. 비석이 도대체 뭘 느끼겠는가? 비석이 한 사람의 삶에 대해 뭘 말해 주겠는가? 무엇보다도 나는 박지원에게 별다른 관심이 없었다. 박지원을 고른 건 선생이지 내가 아니었다. 박지원에 대해 더 알고 싶은 마음이 들기도 했지만 그건 호기심 이상의 그 무엇은 아니었다. 그 이후의 융과 상관적 어쩌고저쩌고하는 말은 아예 머릿속에 들어오지도 않았다. 선생이 이야기하니 그저 들을 뿐이었다.

"이 공간이 '좋은 곳'으로 다가온 이유를 알겠다. 영세불망의 허망한 꿈과 친구에게 내미는 따뜻한 손이 함께 있는 곳이로구나. 우리가 사는 세상의 요약판이로구나."

나는 아무 말도 하지 않았고, 비석에서 손을 떼지도 않았다. 선생의 말이 정확히 뭘 뜻하는지 나는 잘 몰랐다. 그럼에도 내 마음속 무언가가 살짝 허물어졌다. 살짝. 꽃잎이 바닥에 닿을 듯 말 듯 살랑살랑 떨어지는 것처럼. 사람에게 밟혀서 문드러지기 전까지 바람에 날리며 공중 부양했다 다시 슬며시 바닥에 닿는 것처럼. 그런 까닭에 비석 무덤에 대한 내 생각이 앞으로 조금 달라질지도 모르겠다는 막연한 느낌 정도만이 들었다.

버려져서 좋은 곳이었던 비석 무덤은 사실 영원함을 갈구하는 허망한 꿈과 친구에게 내민 따뜻한 손이 함께 있는 곳일지도 모른다. 허망함과 따뜻함. 우리가 사는 세상. 산 자와 죽은 자가 함께 사는 세상. 부패한 관리와 좋은 친구. 현실과 문학의 공존. 이성우와 미노, 혹은 이성우와 W, 아니면 미노와 W가 함께 사는 세상. 방 안에 틀어박힌 자와 세상에 틀어박힌 자가 함께 사는 세상.

부드러운 목소리가 내 귀를 파고들었다. '이성우 빨리 나와.' 언젠가, 언젠가 내가 방에서 나가는 날이 오면 한때 나의 친구였던 W와 이곳을 찾아 삶의 허망함과 친구의 따뜻함에 대해 함께 생각해 보는 것은 어떨까? 선정비를 마다하지 않은 김이중과 백 냥을 선뜻 내준 김이중에 대해 긴 토론을 해 보면 어떨까? 언젠가, 언제

가 될지는 짐작도 할 수 없으나 그래도 혹시 내가 밖으로 나갈 날
이 온다면 말이다.

33
산방 이야기

　산방에 도착한 그는 문을 활짝 열고 방 안에 드러누웠다. 와르
르 바람이 불었다. 계곡 깊은 곳에서 불어오는 바람에 마음속이 다
후련해졌다. 오래전 민옹을 만났던 날과 비슷했다. 민옹이 찾아와
들창을 열었던 바로 그날의 속 시원한 바람이 오랫동안 길 떠났다
이제야 다시 찾아온 느낌이었다. 산방에 오길 잘했다 싶었다. 진작
산방에 오지 않은 걸 후회했다. 사람이란 참 앞일을 모르는 미련한
존재다. 개성에 머무르기 전, 산방은 사방이 가시울타리로 막힌 유
배지였다. 잠깐도 머무르고 싶지 않았다. 개성에서 다시 돌아와 만
난 산방은 제대로 틀어박힐 수 있는 장소였다. 개성에 체류하지 않
았다면 산방의 진가를 결코 몰랐을 터. 개성을 떠나기 전날 만났던

유언호의 말이 떠올랐다.

"흰 돌을 삶아 먹으러 가는 게지?"

밝은 달을 말없이 바라보던 유언호가 문득 던진 물음이었다. 오랜 친구 유언호는 그의 마음을 정확히 읽어 냈다. 감탄하고 말고 할 것도 없었다. 그게 친구니까. 개성 유수 유언호는 그의 진실한 친구이기도 했으니까. 그래서 그는 이렇게 답했다.

"금강산 마하연에서 만났던 비구승 준의 말이 떠오르네. 준은 깨닫지도 못했으면서 깨달은 척하던 동자승에게 아름다운 말을 들려줬지. '하늘의 명령을 순순히 따라라. 명령을 통해 자신의 모습을 보아라. 이치에 따라 보내고 이치로 봐라. 그러면 어떻게 되는지 아느냐? 손가락 가리키는 곳에 물이 흐를 테고, 흰 구름도 피어날 게다.'[17] 난 여태 하늘의 명령을 회피했다네. 이치에 따라 보내지 않고 이치로 보지 않았다네. 살기 위해 도망쳐 왔으면 고요히 방 안에 틀어박혀 깨달음을 구해야 하는데 마치 자유인인 양, 구경하러 온 사람인 양 도리어 개성을 활보하고 다녔네. 그 와중에 개성 사람들을 무시하는 만행도 저질렀네. 제대로 깨닫지도 못한 동자승 주제에 개성 사람들을 깨우쳐 주지 못해 안달복달했다는 말일세. 어처구니없는 사실은 그들이 이미 깨달은 자들이었다는 거지. 자신의 모습을 제대로 볼 줄 아는 이들이었네. 자신이 개성에 틀어박힌 이유를 아는 자들이었지. 김홍연은 얼핏 이름에 집착하

는 사람처럼 보였어. 그래서 글을 써서 점잖게 집착하지 말라 충고
했지. 하지만 나는 이름에 매달리는 것만이 김홍연이 틀어박힌 채
살아갈 수 있는 유일한 방법이라는 걸 몰랐네. 장중거는 말 그대로
방으로 숨어들었네. 그래서 난 중요한 건 마음이라고 충고했지. 하
지만 장중거는 자기를 보존하기 위한 방법이 마음으로 깨닫는 것
이 아니라 몸을 단속하는 것임을 알고 있었네. 난 물론 그 사실을
몰랐고. 양현교는 또 어떠한가? 절망이 극에 달했을 때 취할 수 있
는 방법을 보여 주었지. 끝없이 깊게 가라앉는 것. 방 안에서 홀로
고통을 견디는 것. 양직은 또 어떠한가? 상투적이나 끝까지 밀고
나가는 방법을 택했네. 흔해 빠진 상징으로만 남아 버린 대나무의
본질을 끝까지 밀고 나감으로써 자기를 지키려 했지. 이들에 비하
면 나는 바보였네. 이러니 내가 개성에 더 머물 수 있겠는가?"

"정 그렇다면 내가 말릴 수는 없겠지. 자기를 찾으러 방에 틀어
박히겠다는데 내가 뭐라 하겠는가? 하지만 아쉽기는 하다네. 자네
는 또 다른 나나 마찬가지인데 말일세. 길에서 나를 관찰하고 나에
대해 말해 줄 이가 없다는 걸 생각하면 참 허전할 걸세. 그게 바로
연암협 산방에 틀어박혀야 할 자네를 내가 굳이 개성으로 불러낸
이유일세. 난 이기적인 친구였던 셈이지. 개성에 나 혼자 틀어박히
긴 싫었으니까."

산방으로 떠난다는 소식에 가장 격렬하게 반응한 이는 양직이

었다. 양직은 해 뜨기 무섭게 별장으로 달려와 소리를 높였다.

"내가 뭘 잘못했기에 떠나는 거요? 뭐 부족한 게 있습니까?"

그는 허허 웃으며 답했다.

"대나무 언덕 때문에 그렇소."

"그까짓 글, 안 써 줘도 좋소. 그러니 더 머무십시오."

"그럴 순 없소. 글을 이미 다 썼으니."

그가 종이를 내밀자 양직의 표정이 싹 바뀌었다. 양직은 그의 글을 읽은 후 말했다.

"도대체 왜 생각을 바꾼 겁니까?"

"그대 말이 맞았소. 양현교를 만나고 나니 글을 쓰지 않을 수 없더이다."

양직은 씩 웃었다.

"이제 개성 사람들에 대해 조금은 알게 되었겠지요?"

양직의 말이 맞았다. 그는 이제 개성 사람들에 대해 조금은 알게 되었다. 겉은 멀쩡하나 실은 버려진 도시인 개성에서 사람들이 어떻게 미치지 않고 버텨 나가는지 조금은 알 것 같았다. 어떤 이는 술에 탐닉했고, 어떤 이는 스스로 유폐되었고, 어떤 이는 이름에 빠져들었고, 어떤 이는 대나무를 생각하며 결의를 다졌다. 왜? 그러지 않고서는 단 하루도 살아갈 수 없으니까. 그래서 그는 더더욱 개성을 떠나야만 했다. 비구승 준의 말대로 자신에게 닥친 시련을 순순히 받아들이고, 순순히 보내야만 했다. 그러기 위해선 적막강산이자 무인지경인 산방에 틀어박혀야만 했다. 물을 흐르게 하고 흰 구름이 피어나게 하는, 유일한 길이었다.

그는 깜빡 잠들었다 깨어났다. 일어나선 밖을 보았다. 그를 맞는 건 바람뿐이었다. 그는 안석에 기대 양현교를 떠올렸다. 양현교가 두었던 첫수이자 마지막 수, 천원에 놓인 검은 바둑돌을 생각했다. 그렇다면 이제 그가 다음 수를 두어야 할 차례였다. 천원에 둔 그 과감한 수에 맞설 방법은 도대체 무엇일까? 그가 거듭거듭 고민하는 동안 어디선가 풍경 소리가 들렸다. 아마도 양현교의 집에서 나는 소리일 터. 지금 저 언덕 너머 어느 곳에서는 와르르 부는 바람에 꽃잎이 공중 부양하듯 날아오르고 있을 터. 나뭇잎이 와르르 떨어지고 오래된 비석이 저마다의 크기로 흔들리고 있을 터. 천년만년을 산 늙고 냄새나는 느티나무 밑동에 한 소년이 기대앉아 그 광경을 말없이 지켜보고 있을 터.

비논리적이지만 산방에 틀어박혀 세상을 보는 그에게 그 이상 논리적인 생각은 절대 없을 것만 같았다. 그 순간 어느 세상에선가 흰나비 한 마리가 날아왔다. 그는 손을 뻗어 흰나비를 잡으려 했다. 나비 날개에 손끝이 닿은 순간, 잡았다고 생각한 순간, 나비는 그의 손끝을 빠져나가 또 다른 세상으로 날아갔다. 하! 그는 감탄사를 내뱉었다. 그는 자신을 스쳐 간 흰나비를 화두 삼아 달마의 참선을 시작했다.

34

이야기를 마친 선생은 바닥으로 내려왔다. 책상다리하고 바닥에 앉아 나를 보며 말했다.

"뭐 설명하고 말 것도 없는 이야기다. 시시하지. 산방을 떠났던 박지원이 제 발로 다시 돌아왔다는 것, 뭐 그뿐이니까."

선생의 말 그대로였다. 이야기는 산방을 떠났던 박지원이 개성에서 머물다가 다시 산방으로 돌아와 틀어박히는 걸로 끝이 났다. 이야기엔 문제가 없었다. 산방을 뛰쳐나갔다가 다시 산방으로 돌아왔으니 선생 말대로 '끝'이었다. 하지만 선생은 '이야기 선생'이다. 민옹과 같은 이야기 선생이다. 바람을 몰고 온 민옹은 성취를 이루었다. 박지원이 숟가락을 들게 했고, 잠을 자게 했고, 방에서 나가게 했다. 선생은 뭘 이루었나?

　선생은 이상한 사람이다. 선생은 자신이 왜 나를 찾아와 이야기를 시작했는지, 그 이유를 망각한 게 틀림없다. 정상적인 인간이라면, 그러니까 열심과 진심을 믿는 인간이라면 방 안에 틀어박혀 있는 내게 방 안에 틀어박히라는 결론으로 끝나는 이야기 따위는 들려주지 않았을 것이다. 게다가 선생은 이미 '대가'를 받았다. 가난한 내 아버지가, 너무 가난해 아예 문학의 세계에 사는 처지가 된 내 아버지가 손해를 감수하고 제공한 방을 받았다. 그렇다면 선생은 대가에 준하는 노역을 다 치른 것인가?

　"사실 난 미노 너를 대단하게 여긴다. 이 년 동안 방 안에 틀어박히는 것, 쉬운 일이 아니지. 내가 고시원에 틀어박힌 지 이제 석 달이 조금 넘었다. 홀로 방에서 하루 또 하루를 보낸다는 게 얼마나 어려운지를 몸으로, 이 냄새나는 가죽 주머니 같은 몸으로 깨닫고 있는 중이란다."

　나는 아무 말도 하지 않았다. 선생의 말은 쓸데없는 공치사에 지나지 않았다. 아무것도 이루지 못한 사람이 자신을 위안하기 위해 내뱉는 말에 불과했다. 나는 입술만 꽉 깨물었다.

　"난 비겁했다. '사고' 후, 난 장중거처럼 술로 모든 걸 잊으려 했다. 매일 밤 술을 마시고 음식을 입에 쑤셔 넣는 것으로 내 안의 고통을 다 잊으려 했다. 물론 실패했지. 난 고통과 맞선 게 아니라 피한 거니까. 맞서서 주먹을 주고받지 않는 한, 결정적인 한 방을 날리지 않는 한, 고통은 절대 물러나지 않는 법이더구나. 상처받은 내 육신은 그대로 존재하니 말이다. 아, 그렇다고 오해하지는 마라. 너더러 계속 틀어박혀 있으라는 건 아니니까. 그렇다고 내게 어떻게 하면 좋을지 묻지도 마라. 난 그런 식의 충고를 할 생각도, 자격도 없는 사람이니까. 게다가 나는 아무것도 모른다. 나이만 먹었지 너와 다를 바가 하나도 없다."

나는 아무 말도 하지 않았다. 무책임한 인간. 꼭 W 같은 인간. 그래서 떠난다는 건가? 이걸로 할 바는 다 했다는 건가? 입술을 꽉 깨무는 것으로는 모자랐기에 주먹도 꽉 쥐었다.

"어쩌면 산다는 게 괴로움의 연속인지도 모르겠다. 방 안에 틀어박히는 것도 괴롭지만 멀쩡한 척 세상에 나다니는 것도 괴롭지. 네 아버지랑 W가 그렇다. 그들도 실은 갇혀 있는 셈이니깐. 아, 그 사람들을 용서하라는 뜻은 아니야. 용서는 답이 아니지. 이해가 될지 모르겠지만 아무튼 그렇다는 거다."

선생의 충고는 주제넘었다. 어른들의 흔한 설교 따위는 듣고 싶지 않았다. 하지만 나는 아무 말도 하지 않았다. 나는 입을 다문 채 아버지와 W의 경우를 생각했다.

M의 말은 사실이었다. 아버지는 돈을 받고 합의를 해 주었다. 따지기 좋아하는 이들을 위해 정확히 말하자면, 실제로 돈을 받은 것은 아니었다. M의 아버지의 이름을 빌려 은행에서 돈을 빌린 것

이니. 아버지는 그렇게 구한 돈을 회사에 퍼부었다. 그 이후 일어난 일은 간단하다. 기울어 가던 회사는 돈만 삼키고는 바닷속 깊이 침몰했다. 덕분에 아버지의 빚은 더 늘어났다. 그러나 그건 나와는 관계없는 일이었다.

나는 아버지의 부당한 거래를 알게 된 다음 날부터 학교에 가지 않았다. 하지만 곧장 방 안에 틀어박힌 것은 아니다. 내겐 W가 있었다. 유일한 친구 W는 내 편을 들어 주었다. 그래서 W 또한 학교에 가지 않았다. 우리는 더럽고 치사한 학교 따위는 당장 그만두기로 했다. 썩은 선생들과 더 썩은 학생들의 집합지인 학교 따위는 당장 때려치우자고 결의했다. 함께 학원에 다니며 검정고시를 보자고 약속했다.

약속은 일주일을 넘기지 못했다. W는 자신을 용서해 달라고 했다. 미국에서도 여러 번 문제를 일으켰기에 또다시 아버지의 뜻을 거스를 수는 없다고 했다. 집안에 '안 좋은 일'까지 일어났기 때문에(이제는 '안 좋은 일'이 무엇인지 안다. 그건 바로 선생에게 일어난 '사고'였다.) 자기마저 문제를 일으킬 수는 없다고 했다. 나는 W에게 알았다고 했다. 네놈이 개자식인지는 첫눈에 알아보았다고 했다. 너 같은 인간을 알고 지냈던 게 M이 들이댔던 중국산 스위스 아미 나이프보다 짜증 난다고 했다.

나는 그 뒤로 한 달 정도 더 학원을 나갔다. 그러는 사이 아버지의 회사는 완전히 망했다. 침몰 직전의 가정을 구한 건 엄마였다.

엄마는 친구들에게 돈을 빌려 지금 사는 집을 얻었다. 그리고 나는 다용도실을 개조해 만든 내 방에 틀어박혔다. 그 뒤는 여러분이 아는 바와 같다. 삼 개월 동안 새로 개업한 마트처럼 북적거렸던 내 방은 파리 날리는 한산한 구멍가게를 거쳐 참선하기 좋은 고요한 절간으로 변해 갔고, 사리가 먼지처럼 바닥을 굴러다닐 무렵 선생이 나타났다.

"여름이 오면 고시원에서 나올 생각이다. W와 함께 태국에 가려고 한다. 태국을 무척 좋아해서 한때는 내 집처럼 드나들었지만 아내가 죽은 후엔 한 번도 가지 않았지. 사실 미노 너에게 말하지 않은 게 있는데…… 아내가 죽기 전 우리의 관계는 최악이었다. 난 '문학의 세계' 때문에 고통스러워했다. 이른 성취가 짊어지워 준 부담 때문에 머리를 쥐어뜯으며 살았다. 나를 위로하려는 아내에게 폭언을 퍼붓고 심지어는 폭력도 행사했다. 그러니 사고 이전에도 우리는 사고 상태였던 셈이지. 나라는 인간이 그렇다. 내가…… 그렇다."

나는 아무 말도 하지 않았다. 선생은 내게 뭔가 물어본 것이 아니었다. 그러니 대꾸할 필요는 없었다.

"괜찮으면…… 미노 너도 같이 갔으면 좋겠다."

나는 아무 말도 하지 않았다. 선생은 희망 사항을 말했을 뿐이다. 그러니 대답할 필요는 없었다.

"W가 한 말을 잊지 않았으면 좋겠다. W는 다른 말은 하지 않았다. 그냥 네가 보고 싶다고만 했다."

나는 아무 말도 하지 않았다. 선생은 내게 충고했을 뿐이기에 꼭 대답할 필요는 없었다. 그럼에도 나는 대답하고 싶은 충동을 느꼈다. 그러나 대답하지 않았다. 만약 대답했다면 뭐라고 했을까?

사실 나는 배반한 W 때문에 방에 틀어박힌 게 아니다. 그건, 핑계였다. W가 나타나기 전에도 난 늘 혼자였다. 야구를 그만둔 후 무엇 하나 제대로 한 적이 없었다. 성취도 없었고, 친구도 없었다. 요기 베라는 거짓말쟁이였다. 양키 고 홈! 내 인생은 일찌감치 끝나 버렸고, 갈림길 같은 것도 없었다. 양키 고 홈! 나는 학교를 그만두려 했다. 도피하려 했다. W가 나타난 건 그즈음이다. 그러니 나는 W 때문에 방에 틀어박힌 게 아니다. W 덕에 그저 내 결심이 잠시 미루어졌을 뿐이다. 물론 아버지 때문도 아니다. 아버지의 인생은 아버지의 것이다. 아버지에겐 아버지의 사정이 있을 터이다. 그러니 아버지와 W는 그저 내게 그럴듯한 빌미를 제공했을 뿐이다. 양키, 고, 홈! 그러나 이런 대답을 선생에게 할 수는 없었다. 내 생각이 꼭 그런지 확신할 수 없었다. 그럴 수도 있다는 정도였다. 스스로도 확신하지 못하는 생각을 입 밖에 내서는 안 되었다. 그래서 나는 아무 말도 하지 않았다.

"자, 이야기는 이걸로 끝이다."

선생은 고개를 한 번 크게 끄덕이곤 자리에서 일어났다. 나는 따라 일어서며 선생에게 말했다. 되도록 무미건조하게 들리기를 바라면서.

"기다리세요."

나는 방문을 열고 나와 주방으로 갔다. 냄비에 물을 담아 가스레인지에 올려놓고 과학자처럼 집요한 시선으로 바라보았다. 물이 끓는 걸 확인한 다음 라면을 넣고 모래시계를 뒤집었다. 가루수프를 얼마나 넣는 게 좋을까 잠깐 고민하다가 다 넣었다. 달걀도 넣고 젓가락으로 휘저었다. 삼 분 삼십 초 후 불을 끄고는 냄비의 라면을 그릇에 담아 젓가락과 함께 방으로 가져갔다.

선생은 깜짝 놀란 듯했다. 어, 하는 말만 입 밖에 낸 걸 보면. 나는 아무 말도 하지 않았다. 앉은뱅이책상에 라면과 젓가락을 놓은 후 창가로 갔다. 거리는 여느 때와 다름없이 조용했다. 건물들은 멀쩡했고, 차들은 달렸고, 사람들은 핸드폰을 보며 걸었다. 개한 마리도 고개를 들어 나를 보지 않았다. 그렇다고 세상이 자유롭다는 뜻은 아니다. 문득 어쩌면 이 세상 자체가 거대한 감옥인지도 모른다는 생각이 들었다. 선생 말대로 거리를 돌아다니는 사람들도 실은 갇혀 있는 이들인지 모른다는 생각이 들었다. 물론 말도 안 되는 망상이다. 선생이 라면 한 젓가락을 입에 넣은 후 말했다.

"요즘엔 음식을 적게 먹으려 애쓰고 있다. 그런데 이 라면만은 참으로 참기 힘들더구나. 아내가 있었을 땐 라면은 먹지도 않았는데 말이야."

나는 아무 말도 하지 않았다. 아내가 있는 사람의 삶이 어떤지 나는 잘 모른다. 그래서 나는 아버지를 생각했다. 선생을 찾아 고시원에 갔던 날, 선생의 방에서 나온 나는 아버지를 보았다. 그사이 아버지는 카운터 책상에 엎드려 잠들어 있었다. 카운터 뒤에 방이 있고 방 안에 침대가 있는데도 책상에 엎드려 잠들어 있었다. 송욱이 떠올랐다. 카운터에서 깨어난 아버지는 자신이 어디에 있는지 금방 깨달을까? 어른답게, '고시원 실장'답게 아무렇지도 않은 표정으로 다시 텔레비전을 켜고 야구를 시청할까? 그렇게 곧장 현실로 돌아올 수 있을까? 나는 아버지를 보며 어린 시절을 떠올렸다.

아버지와 함께 야구장에 다니던 어린 시절의 일이다. 아버지는 야구장에 들어가기 전 항상 신문을 샀다. 보려고 산 것은 아니었다. 강한 햇빛에 노출될 내 다리를 덮어 주려고 산 신문이었다. 어린 시절의 난 야구장에서 아버지와 야구를 보았다. 신문지로 다리를 덮고 아버지와 함께 야구를 보았다. 요기 베라를 알게 된 것도 아버지를 통해서다. 아버지는 요기 베라가 야구도 잘했지만 끝날 때까지는 결코 끝난 게 아니라는 말로 많은 이에게 희망을 주었다고 했다. 나는 어떻게 했나? 아마도 웃으며 고개를 끄덕였겠지. 어쩌면 그때가 야구광이던 아버지에겐 가장 행복한 시절이었을지도 모른다.

아, 아버지가 있는 사람의 삶이 어떤지 나는 잘 모른다. 내게 아버지는 있으나 '그 시절의 아버지'는 아니었다. 아버지는 '야구장의 아버지'가 아니라 '고시원의 아버지'가 되었다. 나는 나도 모르는 사이에 갈림길에서 아버지를 잃어버렸다. 나는 선생이 말한 '아내'를 그렇게 이해했다. 사고 이전의 사고를 운운했던 선생의 말은 모르겠다. 그건 내 사고 능력을 벗어나는 일이므로. 어쩌면 선생과 아내는 사고 이전에도 '부부' 아닌 부부였을 수도 있겠지만, 그건 '아버지'를 잃은 내가 왈가왈부할 일이 아니었다.

라면 한 그릇을 금세 비운 선생이 일어나며 말했다.

"여러모로 고마웠다. 혹시, 혹시 말이다. 이야기를 더 듣고 싶은 마음이 조금이라도 들면 나를 찾아와라. 이야기 선생으로서 들려줄 이야기는 다 끝났지만 다른 이야기는 아직 더 있으니까. 그럴 리는 없겠지만 혹시, 혹시나 해서 하는 말이다."

나는 아무 말도 하지 않았다. 그저 아주 살짝 고개를 끄덕였을 뿐이다. 선생은 문을 열고 나가다 말고 또다시 돌아섰다.

"미노라는 이름, 혹시 me no, 그러니까 나는 없다, 뭐 그런 뜻이니?"

나는 아무 말도 하지 않았다. 고개도 끄덕이지 않았다. 말은 하지 않았지만 아마도 선생은 미노라는 이름을 유치하게 여겼을 것이다. 그러나 당시의 나는 절박했다. 성우라는 이름으로는 두 번 다시 불리고 싶지 않았다. 물론 선생에게 그런 설명을 할 필요는 없었다. 대답이 궁할 때는 반격해야 한다. 그래서 나는 선생에게 물었다.

"왜 박지원이었나요?"

선생의 얼굴이 잠깐 굳어졌다. 선생은 이내 허허 웃으며 말했다.

"내가 고른 게 아니다. 아내가 고른 거지. 아내가 죽은 후 아내의 방에 들어가 보았어. 책상 위에 박지원의 책이 쌓여 있더라. 아내가 마지막으로 읽던 책들이었지. 그러니까 내가 아닌, 아내가 박지원을 고른 거다."

나는 고개를 끄덕였다. 선생도 따라서 고개를 크게 한 번 끄덕이곤 손을 흔들었다. 선생이 나간 후 나는 밖을 보았다. 건물과 사람과 개 사이를 지나 걸어가는 선생이 보였다. 선생의 등 뒤에 흰나비 한 마리가 날고 있었다. 배추 속살처럼 하얀 나비가 마치 선생을 따라가듯 날아갔다. 물론 우연일 것이다. 아니, 선생의 말대로라면 '상관적 진실'일 것이다. 현실의 세계에 끼어든 지극히 문학적인 진실. 의미를 놓고 달마처럼 깊은 고민에 빠지지는 말길. 그냥 그렇다는 이야기다.

35

이제 서문을 마무리할 때가 되었다. 뜻밖에 길어져서 미안할 따름이다. 이렇게 긴 서문이 될 줄은 꿈에도 몰랐다. 양해해 주시길!

자, 내 글을 끝내기 전에 이제 곧 선생의 소설 『연암의 느릿한 걸음』을 읽게 될 분들에게 '경고'할 내용이 하나 있다. 한때 선생에게서 이야기를 들었던 사람으로서가 아니라 서점 직원으로서 하는 말이다. 나는 문학의 세계에 대해 잘 모른다. 하지만 소설가란 거짓말을 눈 한 번 깜짝하지 않고 잘도 해 대는 사람들이다. 카프카도 그렇고(사람이 벌레가 되다니 그게 가능한 일인가?), 보르헤스도 그렇고(늙은 보르헤스가 젊은 보르헤스를 만나다니 그게 가능한 일인가?), 선생 또한 그렇다. 무슨 말인가 하면, 선생이 내게 들려주었던 박지원의 이야기들은 사실 원형 그대로가 아니라는 뜻이다. 선생이 필요에 맞게 이야기를 변형했다는 뜻이다.

　몇 가지 예만 들겠다. 선생은 박지원이 김홍연을 개성에서 만났다고 했지만, 실제로 박지원은 김홍연을 평양에서—박지원은 이렇게 썼다. "이야기를 들은 지 구 년 뒤 나는 평양에서 김홍연을 만났다."—만났다. 선생은 박지원이 개성을 떠나면서 양직에게 글을 써 주었다고 했지만, 실제로 박지원은 십 년이 지나서야—박지원은 이렇게 썼다. "양직이 글을 부탁한 지 어언 십 년이 넘었다."—써 주었다. 선생은 박지원이 마흔 갓 넘긴 나이에 이빨을 잃었다고 했지만, 박지원에 관한 책을 다 뒤져 봐도 그런 내용은 없다.

　이 같은 예는 이루 헤아리기 어려울 정도로 많다. 변형하지 않은 이야기를 꼽기 힘들다고 말하는 게 더 알맞은 표현이겠다. 물론 나는 당시엔 그 사실을 알지 못했다. 선생이 고시원을 떠나고 이 년이 더 지나서야 나는 박지원에 관한 책을 구입해 읽었고, 이야기가 변형되었음을 비로소 알게 되었다. 박지원을 다룬 책을 반복해 읽으면서 선생이 박지원의 이야기를 교묘히 변형했음을 알게 되었다. 어떤 부분은 살짝, 어떤 부분은 생판 다르게 말이다. 그러니까 선생이 들려준 박지원의 이야기는 사실 박지원의 이야기가 아닌 셈이다. 박지원의 이야기처럼 보이기는 하나 실은 선생의 이야기인 것이다.

그래서 뭐가 문제냐고 물어본다면 나는 할 말이 없다. 소설가인 선생이 '소설'을 쓰는 건 당연하지 않냐고 반론을 제기한다면 나는 할 말이 없다. 그냥 실상이 그렇다는 것이다. 글쓰기 전문가가 아닌, 다른 그 어떤 분야에서도 전문가가 아닌 내가 할 수 있는 말은, 몇 년 동안 서점에서 아르바이트를 하다가 인턴사원이 되었고 군대를 다녀온 작년에야 정사원이 된 내가 할 수 있는 말은, 그냥 실상이 그렇다는 것이다. 그럼에도 굳이 내 의견을 원한다면 이렇게 말하겠다.

박지원에 대해 더 알고 싶다면 선생의 책을 읽지 말고 그냥 박지원에 관한 책을 사서 읽으시라. 그게 일개 서점 직원인 내가 할 수 있는 지극히 사소한 제안이다.

연암의 느릿한 걸음

1
개성에서

유언호가 찾아왔다. 개성 유수인 유언호가 기별도 없이 금학동 별장으로 온 것이다. 반가웠다. 사흘 사이에 두 번이나 보는 셈이었다. 무슨 뜻인가? 말 그대로 이틀 전에도 유언호를 보았다는 뜻이다. 그 만남에 대해선 다소간 설명이 필요하다.

저물녘에 별장으로 돌아가던 그는 군사 훈련 후 성으로 돌아오는 개성 유수 행렬과 딱 마주쳤다. 수백, 수천 개의 횃불이 사방팔방을 밝혔다. 빨갛고, 파랗고, 노란 깃발들이 바람에 펄럭였다. 횃불과 바람을 벗 삼아 깃발 속의 용이 날아오르고 호랑이가 이빨을 드러냈다. 길을 걷던 이들이 황급히 좌우로 물러나 엎드렸다.

말을 탄 이들은 말에서 내려 엎드렸다. 그는 고민했다. 사람들을 따라 엎드릴 수도 있었고, '사경' 하고 외칠 수도 있었다. 결국 그는…….

이 책에는 박지원의 글들이 다양한 방식으로 인용되어 있다. '이야기 선생'이 들려주는 형태로 인용된 것이 대표적이다. 「짧은 서문」에서도 밝혔듯 원래 글 그대로 인용하지는 않았다. 이 책의 목적을 위해 일부러 변용한 부분들이 많다. 원래의 글과 어떻게 다른지는 '한국 고전 종합 DB' 누리집(db.itkc.or.kr)에서 『연암집』을 찾아 읽고 확인할 일이다.

박지원의 글을 본문에 녹여 내기도 했다. 산방에 나타난 흰나비가 좋은 예다. 나비에 관한 부분은 「경지에게 답함: 세 번째 편지」(『연암집』 제5권)에 나온다. 박지원이 쓴 표현을 본문에 가져다 쓰기도 했다. "냄새나는 가죽 주머니"가 좋은 예다. 「초책에게 보냄」(『연암집』 제5권)에 나온다. 왜 그랬는지는 설명하지 않겠다. 작가는 그저 쓰는 사람이니까. 추측하고 고민하는 건 여러분의 몫이다.

2016년 1월 설흔

출처 및 참고 자료

1 『연암집』(박지원 지음, 신호열·김명호 옮김, 민족문화추진회
2005) 제3권 「이 감사가 귀양 중에 보낸 편지에 답함」 중 일부를
다시 썼다.

2 2015년 4월 16일 자 『한겨레』 기사 제목에서 인용했다.

3 『연암집』 제1권 「기린협으로 들어가는 백영숙에게 증정한 서
문」을 참고했다.

4 『연암집』 제10권 「죽오기」를 참고했다.

5 『연암집』 제3권 「금학동 별장에 조촐하게 모인 기록」을 참고
했다.

6 『연암집』 제1권 「발승암기」를 참고했다.

7 『연암집』 제7권 「선귤당기」 중 일부를 다시 썼다.

8 『연암집』 제7권 「염재기」를 참고했다.

9 『청장관전서 11』(이덕무 지음, 나금주 외 3인 옮김, 민족문화
추진회 1981) 제63권 「선귤당농소」 중 일부를 다시 썼다.

10 『연암집』 제10권 「주영렴수재기」를 참고했다.

11 『연암집』 제1권 「이존당기」를 참고했다.

12 『연암집』 제3권 「이몽직에 대한 애사」를 참고했다.

13 『끝날 때까지는 끝난 게 아니다』(요기 베라·데이브 캐플런

지음, 송재우 옮김, 시유시 2001)에서 인용했다.

14 『교우론·스물다섯 마디 잠언·기인십편』(마테오 리치 지음, 송영배 옮김, 서울대학교출판부 2000)에서 인용했다.

15 『연암집』 제3권 「소완정의 하야방우기에 화답하다」를 참고했다.

16 『연암집』 제8권 「민옹전」을 참고했다.

17 『연암집』 제7권 「관재기」 중 일부를 다시 썼다.

창비청소년문고 19

연암이 나를 구하러 왔다

초판 1쇄 발행 • 2016년 1월 15일
초판 3쇄 발행 • 2020년 4월 9일

지은이 • 설혼
펴낸이 • 강일우
책임편집 • 김효근
조판 • 황숙화
펴낸곳 • (주)창비
등록 • 1986년 8월 5일 제85호
주소 • 10881 경기도 파주시 회동길 184
전화 • 031-955-3333
팩시밀리 • 영업 031-955-3399 편집 031-955-3400
홈페이지 • www.changbi.com
전자우편 • ya@changbi.com

ⓒ 설혼 2016
ISBN 978-89-364-5219-3 43190